JN305935

庫

33-802-1

旧約聖書

詩　篇

関根正雄訳

岩波書店

目　次

詩篇

一　二つの道（一）

一 悪しき者の謀略に歩まず
罪人の道に立たず
あざける者と座を同じくせぬ
その人に幸あれ。
二 それはヤハウェの律法を悦び
日も夜もその律法を想う人。
三 流れの辺に移し植えられた樹のように
彼はその期がくると実を結ぶ。
その葉もしぼむことがなく
その為す所はみなうまくゆく。
四 悪しき者はそういかず
風の吹きさるもみがらのよう。
五 だから悪しき者は審きの座に堪えず

罪人は義人の集いに立ち得ない。
六まことにヤハウェは義人の道を知られるが
悪しき者の道は滅びる。

二　神とメシヤ（二）

一何故異教の民らは共に集い
異邦人（ことくにびと）らはその軍勢を数え
二地の王たちは立ちかまえ
君侯（きみ）らは共に謀り
ヤハウェとそのメシヤに逆らうか、
三「われらは彼の縄目を断ち
そのきずなをふり棄てよう」と。
四天に座し給う者笑い
ヤハウェ彼らをあざける。
五すでに彼は怒りをもって彼らに物言い
憤（いきどお）りに満ちて彼らを恐れさせた、
六「わたしはシオンなるわが聖き山に

わたしの王を立てたのだ」と。
七わたしもヤハウェの定めを語ろう。
彼はわたしに言われた、「君はわが子、
今日わたしは君を生んだ。
八わたしに求めよ、
わたしは民らを嗣業として
地の果てを所有として君に与える。
九君は彼らを鉄の杖をもって牧い
陶工の器のように彼らを壊つ」と。
一〇さあ、王たちよ、聡くあれ、
地の支配者たちよ、教えを受けよ。
一一畏れをもってヤハウェに仕え、
おののきつつその足に口づけせよ。
一二彼の憤りで君たちの力が失せないために。
何故ならその怒りは今にも始まろうから。
すべて彼に依り頼む者に幸あれ。

三　敵の前に（三）

一 ダビデの歌、その子アブサロムの前から逃れた時の。
二 ヤハウェよ、わたしの敵がいかに多いことか。
わたしに向かって逆らう者が多い。
三 多くの者が、神のもとにあいつのための
助けなどありはしないとわたしについて言っている。
四 しかしあなたは、ヤハウェよ、わたしを囲む盾、
わが栄光、わたしの頭（こうべ）をもたげ給うお方。
五 わが声をあげ、ヤハウェに向かってわたしは叫ぶ。
彼はその聖なる山から、わたしに答えられる。
六 わたしは伏して眠り、また目覚めた。
ヤハウェがわたしを支え給うから。
七 わたしは恐れない、わたしに向かって四方から襲いかかる数知れぬ人々をも、決して。
八 立ち給え、ヤハウェよ、わたしを救い給え、わが神よ。
そうだ、あなたはわが総ての敵の頰（ほお）を打ち
悪しき者の歯を砕かれる。

九 ヤハウェにこそ救いはある。
あなたの民の上に祝福を下し給え。

四　平　安（四）

一 聖歌隊の指揮者に、琴とともに、ダビデの歌。
二 わたしが叫ぶ時、わたしに答え給え、わが義の神よ。
あなたは悩みの時に、わたしに安らぎを与えられた。
わたしを憐れみ、わたしの祈りを聞き給え。
三 人の子らよ、いつまで君たちはわが栄を恥にかえ、
空しいことを愛し、偽りを求めてやまぬのか。
四 君たちは知れ、ヤハウェは彼を敬う者を
聖め分たれたことを。
ヤハウェはわたしが彼に呼ばわる時に聞き給う。
五 君たちは恐れおののき、罪を犯すな。
その心に語り、臥所(ふしど)にあって黙(もだ)せ。
六 義の犠牲(いけにえ)をささげ、ヤハウェに依り頼め。
七 多くの人は言う、もはやわれらに良きことを

見させる者はないと。
われらの上に、あなたのみ顔の光を
上らせて下さい、ヤハウェよ。
八 あなたはわが心に喜びを与えられた、
彼らの穀物と酒の豊かな時にもまさる喜びを。
九 安らかに、横になるとすぐ、わたしは眠る。
げにヤハウェよ、あなたのみ、わたしを
平安の中に息(いこ)わせて下さる。

五　神の義（五）

一 聖歌隊の指揮者に、笛とともに、ダビデの歌。
二 わが言葉を聞いて下さい、ヤハウェよ、
わが歎きを、心にとめて下さい。
三 わが叫びの声に耳を傾け給え、わが王、わが神よ、
わたしはあなたに向かって祈りますから。
四 ヤハウェよ、あなたは朝(あした)にわが声を聞き
わたしは朝にあなたに向かって備えし

わたしはあなたを待ち望む。
五 あなたは悪を受け入れ給う神ではなく
悪人はあなたの所に宿ることは出来ない。
六 不虔なる者はあなたの眼前に立ち得ず
すべて悪を行なう者をあなたは憎み給う。
七 あなたは偽りを語る者を滅ぼし
血を流す者と欺く者をヤハウェは嫌われる。
八 しかしわたしはあなたの大いなる恵みの中に
あなたの家に入り、畏れつつ
あなたの聖なる宮に向かって伏し拝む。
九 ヤハウェよ、わが敵の故に、
あなたの義をもってわたしを導き、
わが前にあなたの道を真直(まっすぐ)にして下さい。
一〇 げに彼らの口には真実(まこと)がなく、その中には破れがあり
その喉(のど)は開いた墓、その舌はへつらいを語る。
一一 神よ、どうか彼らを罪し、その計画(はかりごと)の故に倒れさせ
その多くの罪故に彼らを追いはらい給え。
彼らはあなたに叛逆したのです。

一一しかしあなたの中に隠れるすべての者を永遠（とこしえ）に喜ばせ
あなたのみ名を愛する者を
あなたにあって歓呼させて下さい。
一二ヤハウェよ、げにあなたは義しい者を祝し、
盾のように彼らを囲み、恵みをもって彼らに冠（かむ）らせ給う。

六　歎き（六）

一聖歌隊の指揮者に、琴とともに、八音（やつのね）で、ダビデの歌。
二ヤハウェよ、あなたの怒りによってわたしを罰し給うな。
あなたの憤（いきどお）りによってわたしをこらし給うな。
三ヤハウェよ、わたしを憐れんで下さい。
わたしは衰えはてるのです。
ヤハウェよ、わたしを医し給え。
げにわたしの骨はおののきふるえる。
四わが魂もいたく恐れおののいている。
ああヤハウェよ、かくて何時（いつ）まで。
五ヤハウェよ、こちらを見て下さい、

わが魂を救って下さい。
あなたの恵みの故にわたしを助け給え。
六何故なら死後にはあなたを憶い出すこともなく
陰府(よみ)にあっては誰があなたに感謝するだろう。
七わたしは歎きのために疲れはてた。
夜毎にわたしの寝床をひたし
涙をもってわたしの床をぬらす。
八わたしの眼は悲しみのために曇り
わが総ての苦しみ故に衰えた。
九総て悪を為す者よ、わたしから離れ去れ、
げにヤㇵウェはわが泣く声を聞き給うた。
一〇ヤㇵウェはわたしの訴えを聞き
ヤㇵウェはわたしの祈りを受け給うた。
一一わたしの敵はみないたく驚き
恥をこうむり、直ちに退くであろう。

七　神の審判（七）

一ダビデのシガヨーンの歌。ベニヤミン人クシのことについて、彼がヤハウェに向かって歌ったもの。

二わが神ヤハウェよ、わたしはあなたの中に隠れる。
わたしを迫害するすべての者からわたしを助け
わたしを救って下さい。

三救う者も助ける者もないままに
人が獅子のようにわが生命をかき裂く事のないように。

四わが神ヤハウェよ、わたしが若しこの事をしたならば、
わが手の中に不義があるならば、

五わが友に悪を返し
故なくわたしを苦しめる者を奪い掠めたことがあれば、

六敵がわが生命を追跡し
追い迫ってわが生命を地にふみにじり
わが栄を塵に伏させてもよい。

七ヤハウェよ、あなたの怒りをもって立ち上り、

わが敵への憤(いきどお)りをもって自らをもたげ
わがために目覚めて、審判(さばき)を命じ給え。
八 もろもろの民の集いをしてあなたを囲ませ
あなたはその上に高御座(たかみくら)に座し給え。
九 ヤハウェはもろもろの民を審かれる。
ヤハウェよ、わが義とわれの全(まった)きに従って
わたしを審き給え。
一〇 悪しき者の悪に報い、義しき者を立たせ給え。
義しき神は心と腎(むらと)とを探り知られる。
一一 わが上なる盾は神、彼は心の直き者を救われる。
一二 神は義しき審き主、神は日毎に憤りを起される。
一三 まことに敵は再びその剣をとぎ、弓をつがえてねらう。
一四 彼は自らのために死の武器をかまえ、その矢を火矢とする。
一五 みよ、彼は不義をやどし、不法をはらみ、偽りを生む。
一六 彼は穴をうがち、それを掘り、
自らつくったその落し穴に陥る。
一七 その禍害(わざわい)は彼の頭(こうべ)に帰り、その暴逆はその頭上に下る。
一八 わたしはヤハウェをその義の故にほめたたえ

いと高きヤハウェのみ名を歌おう。

八　創　造（八）

一 聖歌隊の指揮者に、ギッティト式に、ダビデの歌。
二 われらの主ヤハウェよ、
み名は全世界でいかに尊いことでしょう。
あなたはあなたの栄光を天に置き給うた。
三 あなたは嬰児、乳呑児の口に
力の基いを置き、敵に備え給う。
仇する者、敵する者を鎮めんがため。
四 あなたの指の業なる天、
あなたの創り給うた月と星を見ると
五 あなたが弱き人を顧み
人を心にかけ給うことが
不思議に想われる。
六 あなたは人を天使たちよりも少し低くつくり
光栄と尊きとを人にこうむらせ

七人をしてあなたのみ手の業を支配させ
その足もとに総てのものを置き給うた。
八総ての羊や牛、野の獣、
空の鳥と海の魚、
九海路を泳ぐものなどをしかなし給うた。
一〇われらの主ヤハウェよ
み名は全世界でいかに尊いことでしょう。

九　貧しき者の神（九・一〇）

一聖歌隊の指揮者に、ムス・ラッベン式に、ダビデの歌。
二ヤハウェよ、わたしは全心をもってあなたをほめ讃え
あなたの多くの妙なるみ業を語ろう。
三わたしはあなたにあって、歓呼して喜び、
いと高き者よ、あなたのみ名を歌おう。
四わが敵後に退くとき
彼らはつまずき、み前に滅びる。
五げに、あなたはわがために義しき審きを行ない

義なる審き主として、御座（みくら）に座し給う。
六あなたは異国（ことくに）の民を責め、悪しき者を滅ぼし
その名を永久に消し去られた。
七敵はことごとく滅び、とこしえの廃墟は現われ
あなたは町々を滅ぼし、それを想い出す者もない。
憤りつつ　八ヤハウェはとこしえにその座につき
その御座は審きのために立てられた。
九彼は義をもって世界を審き
公平をもって多くの民をさばかれる。
一〇ヤハウェはしいたげられた者のとりで、
悩みのときのとりでとなった。
一一み名を知る者はあなたに依り頼む。
ヤハウェよ、げにあなたはあなたを求める者を棄てない。
一二シオンに住み給うヤハウェに向かって歌え、
多くの民族（たみ）の中にそのみ業をのべつたえよ。
一三げに彼は流された血を覚えて、それに報い
苦しむ者の叫びを忘れ給わぬ。
一四ヤハウェよ、わたしを憐れみ、わが貧しきを見給え。

わたしを死の門よりもたげ給う者よ。
一五 わたしがあなたのすべてのほまれをのべ
娘シオンの門であなたの救いを語るために。
一六 異国の民はその作った穴に落ち
そのかくしたわなにその足はとらえられる。
一七 ヤハウェはおのれを現わし、審きを行ない
悪しき者はその手で作ったものにとらえられる。
一八 悪しき者は陰府に帰り
神を忘れるすべての民も同じ。
一九 げに貧しき者はとこしえに忘られるのでなく
苦しむ者の望はとわに滅びるのでない。
二〇 ヤハウェよ、立ち上り給え、人に勝を得させず、
異国の民がみ前に審かれんことを。
二一 ヤハウェよ、彼らに恐れを与え
異国の民に知らせ給え、おのれただ人であることを。
一 ヤハウェよ、何故遠く離れて立ち
悩みのときにおのれを隠し給うや。
二 悪しき者は高ぶり、苦しむ者をいたく責める。

その企てた計画(はかりごと)に彼らを捕えさせ給え。
三 げに悪しき者はその心の欲をよしとし
むさぼる者はヤハウェをすてて呪う。
四 悪しき者は鼻たかだかで言う、彼はあずかり知らぬ、と。
おのれの前に神をおかぬ、これ彼のすべての思い。
五 その道はつねに栄える。
あなたの審きは彼から遠くその上を過ぎゆき
そのすべての敵に彼はその息をふきかける。
六 彼はその心にいう、わたしは動かされない、
いつまでも災いにあうことはない、と。
七 その口は呪いと偽りと暴逆にみち
その舌のかげには禍害(わざわい)と邪悪(よこしま)がある。
八 彼は村里に待ちぶせして
罪なき者をひそかに殺し
その眼はよるべなき者をうかがう。
九 彼はやぶの中の獅子のようにかくれて待ちぶせし
苦しむ者をとらえようと網をはって待ちぶせする。
一〇 彼はうずくまり、彼はかがんで、

その手中によるべなき者はおちいる。
一一彼はその心の中でいう、神は忘れ、
そのみ顔をかくし、とこしえに見給わぬ、と。
一二ヤㇵウェよ、立ち上り、み手をあげ給え、
苦しむ者を忘れ給うな。
一三何故悪しき者は神をすて、
その心に、あなたはあずかり知らぬ、というか。
一四あなたは禍害としいたげを見そなわし、
これを見て、これを手にとられる。
よるべなき者はあなたに依り頼む。
あなたは孤児を助けられる。
一五不法なる悪しき者の腕を折り給え、
その悪を罰し、赦し給うな。
一六ヤㇵウェはとこしえに王にいます。
異国の民はその国から跡をたつ。
一七ヤㇵウェよ、あなたは苦しむ者の願いをきき
あなたの耳を傾け、彼の心をかたくする。
一八孤児としいたげられる者のために審きを行ない

この国の人が再び彼らを恐れさすことはない。

一〇　信　頼（一一）

一 聖歌隊の指揮者に、ダビデの歌。
ヤハウェにのみわたしは依り頼む。
君たちは何故わたしに向かって言うのか、
「鳥のように山に逃げよ。
二 まことに、見よ、悪しき者は弓を張り
矢を弦につがえている。
心直き者を暗きにあって射殺そうとしている。
三 基礎（もとい）が壊れたなら、義しき者も何が出来よう」と。
四 ヤハウェはその聖き宮に在（いま）す。
ヤハウェのみくらは天にある。
その眼は人の子を見、その瞳（ひとみ）は人の子を試み給う。
五 ヤハウェは義しき者と悪しき者とを試み給う。
暴行（あらび）を好む者を彼は憎み
六 燃ゆる炭火と硫黄を悪しき者の上に降らせ給う。

燃ゆる風は彼らの盃（さかづき）に受くべきもの。
七何故ならヤハウェは義しく、義を愛し給うから。
直き者はそのみ顔を仰ぎ見るであろう。

一一　人の言と神の言（一二）

一聖歌隊の指揮者に、八音で、ダビデの歌。
二ヤハウェよ、助けて下さい、何故なら愛も真実も
人の子の間から消え失せたからです。
三みな互いに空しいことを語り
滑らかな唇と二心をもって語り合っています。
四ヤハウェよ、滑らかな唇と大言壮語する舌を滅ぼして下さい。
五彼らは言っています、「われらの舌をもって
われらは勝を獲る。
われらの唇がわれらのものである限り
誰かわれらの主たりえよう」と。
六「悩める者の悲惨と貧しき者の呻（うめ）きの故に
今わたしは立ち上ろう」とヤハウェは言われる。

「わたしを呼び求める者を救うために」。
七 ヤㇵウェの言は聖き言である、
るつぼできよめられた銀、七度(ななたび)練りきよめられた金である。
八 ヤㇵウェよ、あなたはわれらを支え、
永遠にこの世代(よ)の人よりわれらを護られる。
九 悪しき者がわれらのまわりにうろついている。
卑しいことが人の子らによって崇(あが)められているからだ。

一二　いつまで！（一三）

一 聖歌隊の指揮者に、ダビデの歌。
二 ヤㇵウェよ、いつまで！
あなたは永久にわたしを忘れ給うのですか、
いつまでみ顔をわたしから隠し給うのですか。
三 いつまでわたしは魂に憂いを懐き
日々心に痛みを覚え
いつまでわが敵がわたしに勝とうとするのでしょう。
四 見て下さい、わたしに答えて下さい、

ヤハウェ、わたしの神よ。
わが眼を明らかにして下さい。
わたしが死の眠りにつくことのないように。
五 敵が「わたしは彼に勝った」といわないように、
またわたしがよろめく時、仇が喜ぶことのないように。
六 しかしわたしはあなたの恵みに依り頼む。
わたしの心はあなたの救いを喜び
ヤハウェに向かって歌うでしょう。
彼はわたしを豊かにあしらわれたからです。

一三　愚かな者（一四）

一 聖歌隊の指揮者に、ダビデの歌。
愚かな者はその心の中に神はないという。
彼らは汚れた憎むべきことを行なった。
善を行なう者はいない。
二 ヤハウェが天から人の子らを見下し、
賢い者、神を求める者がいるか、どうか御覧になった。

三ところがみな迷い出て、くされはて
善を行なう者などいない。一人もいない。
四悪をなす者はみな分らないのか。
彼らはパンを食うように、わが民を食い、
ヤハウェを呼ぶことをしないのだ。
五しかしそこで彼らは大いに恐れた。
何故なら神は義しい者の間にいますからである。
六貧しい者への策略で君たちは恥をかく、
ヤハウェは貧しい者の避け所であるからだ。
七どうかシオンからイスラエルの救いが出るように。
ヤハウェがその民の運命を転換されるとき
ヤコブは喜び、イスラエルは楽しむであろう。

一四　義　人（一五）

一ダビデの歌。
「ヤハウェよ、あなたの幕屋に宿るべき者は誰、
あなたの聖なる山に住むべき者は誰ですか」。

二「全く歩み、義を行ない
心から真実（まこと）を語る者がそれ。
三彼はその舌をもって人をそしらず
その友に悪いことをせず
その隣りに恥を負わせない。
四卑劣な者はその前から退けられ
ヤハウェを畏れる者を彼は尊び
悪いことをしないと誓ったら変えない。
五利息を目あてに金を貸さず、
罪なき者を罪するため賂（まいない）をとらない。
これらを行なう者はとこしえに動かない」。

一五　わが幸い（一六）

一ダビデのミクタムの歌。
神よ、わたしを守って下さい、
わたしはあなたを避け所としているのです。
二わたしはヤハウェに申しあげる、

「あなたはわが主にいます、
あなたのほかわたしの幸いはない」と。
三 この地にいる神々たち、
わたしが大いに喜んだ強き者たちは
四 その生みの苦しみを増すがよい、
その欲求が達せられないように。
わたしは彼らのために血の灌祭を注がず、
その名を口にすることをしない。
五 ヤハウェよ、あなたはわたしに分前と盃を与え
あなたがわたしのくじを引いて下さった。
六 はかりなわはわがために良き地に落ちた、
いと高き者がわが嗣業を下さった。
七 わたしにさとしを賜うヤハウェをほめたたえたい。
夜の間も彼の心がわたしを教える。
八 わたしはいつもヤハウェをわが前におく。
そのみ手からわたしは離れることがない。
九 それ故わが心は楽しみ
わが腎(むらと)は喜ぶ。

わが体も安らかである。
一〇 あなたはわが魂を陰府に棄てず、
あなたの聖徒に滅びの穴を見させないから。
一一 あなたはわたしに生命の道を教え
み前にあって喜びに満ちたらせ
み手によってとこしえに良きことに飽かしめる。

一六　わが義をまもる神（一七）

一 ダビデの祈り。
ヤㇵウェよ、わが義に聞き給え、
わが願いに聴き
偽りなき唇の祈りに耳をかし給え。
二 わが義がみ前から出(い)で
あなたの眼がわが正しきを見給うように。
三 あなたはわが心を試(ため)し、夜わたしを訪(おとな)い
わたしをこころみて、何の恥ずべきことも見出し給わぬ。
わが口も罪を犯すことはない、

四 他の人々の行なうように。
あなたの唇の言(ことば)をわたしは守った。
暴(あら)びを行なう者の途から
五 わが足は遠ざかり、
わが歩みはあなたの道でよろめくことがない。
六 わたしはあなたに呼ばわる、
あなたはわたしに答え給う、神よ、
あなたの耳をわたしに傾け
わが言葉を聞き給え。
七 あなたの妙(たえ)なる恵みをあらわし給え、
あなたのみ力に逆らう者から逃れ
あなたに隠れる者を助け給う者よ。
八 わたしをひとみのように守り
あなたのみ翼の蔭にわたしを隠し給え、
九 わたしを圧倒する悪しき者と
烈しくわたしを囲むわが敵の前から。
一〇 彼らは油をもってその心を閉ざし、
その口は不敵なことを語る。
一一 彼らは今わが歩みを囲み、

地に打ち倒そうとその眼を向ける。
一二 獲物をうかがう獅子、
隠れた所にひそむ若獅子に似ている。
一三 ヤハウェよ、立ち上り、立ち向かい、
彼を打ち倒し給え、あなたの剣で
わが魂を悪しき者から救い給え。
一四 あなたのみ手に歯向かう者は、ヤハウェよ、死に定められ
悲しみはこの生で彼らの受くべきもの。
しかしあなたにかくまわれる者はあなたがその腹を満たし
彼らはその子らにあき足り、
その富をその子孫に残す。
一五 わたしは義にあってあなたのみ顔を見、
目覚める時、み姿をみてあき足りるであろう。

一七　王の感謝（一八）

一 聖歌隊の指揮者に、ヤハウェの僕、ダビデによる。ヤハウェが彼をそのすべての敵の手と、
サウルの力から救われた日に、彼はこの歌の言葉をヤハウェに述べて
二 言った。

ヤハウェよ、わたしはわが力なるあなたを愛する。
三 ヤハウェはわが岩、わが砦（とりで）、
われを救う者、またわが神。
わが隠れがなる巌（いわ）、わが盾、
わが救いの角、またわが櫓（やぐら）。
四 わたしはいたく傷つけられ、ヤハウェを呼ぶ。
その時わたしは敵から救われる。
五 死の波わたしを囲み
滅びの流れわたしを驚かす。
六 陰府（よみ）の綱わたしを囲み
死の罠（わな）わたしを襲う。
七 苦しみの中にわたしはヤハウェを呼び
わが神に向かってわたしは叫ぶ。
彼はその宮よりわが声を聞き
わが訴えはその耳にとどく。
八 地はゆれ動いた、
天の基（もと）いは震えた、
それらはゆるいだ、

彼が怒り給うたから。
九 彼の鼻から煙は上り
喰いつくす火はその口から出で
熱した炭火がその所から燃える。
一〇 彼は天を傾けて降り
暗闇をその脚下に踏まえ
一一 ケルブに乗って飛翔し
風の翼に乗って飛びかける。
一二 彼は闇をその蔽いとし
暗い水をその幕屋とし給う。
一三 み前の輝きから雲と雹と火の炭が出る。
一四 ヤハウェは天で雷鳴をとどろかせ
いと高き者はその声を発し給う。
一五 彼は矢を放って彼らを散らし
稲妻を投じて彼らを乱す。
一六 海の底は露われ
地の基いはその姿を現わす、
ヤハウェよ、あなたの叱責により

あなたの怒りの烈しい息(いき)によって。
一七 彼は高きより手を伸ばしてわたしを捕え
大水の中よりわたしを引き出し、
一八 強きわが敵、われよりも強い
わが仇よりわたしを救う。
一九 禍いの日に彼らはわたしを襲ったが
ヤハウェはわが救いとなられた。
二〇 彼はわたしを取り出して広き所に置き
彼の愛の故にわたしを救う。
二一 ヤハウェはわが義に従ってわたしに報い
わが手の潔きに従ってわたしに答え給う。
二二 げにわたしはヤハウェの道を守り
わたしの神に叛かない。
二三 彼の誡命(いましめ)はみなわが前にあり
その掟(おきて)をわたしは却(しりぞ)けることがない。
二四 わたしは彼の前に全(まった)く、
わたしの罪から身を守った。
二五 ヤハウェはわたしにわが義を返し

み前におけるわが手の潔きに報いた。
二六 あなたは憐れみある者には憐れみある者となり
全き者には全き者となり
二七 潔き者には潔き者となり
曲れる者には愚かな者となられる。
二八 あなたは卑き民を救い
高ぶりの眼を低くされる。
二九 ヤハウェよ、あなたはわが燈火、
わが神はわが暗闇を照らし給う。
三〇 あなたによってわたしは垣をこぼち
わが神によって城壁に上る。
三一 げに神はその道全く、
ヤハウェの言は混りなく、
ヤハウェはすべて彼に依り頼む者の盾、
三二 ヤハウェを除いていかなる神があろう、
われらの神のほかにいかなる岩があろう。
三三 神は救いをわが帯として与え
彼はわが道を全くし給う。

三四 彼はわが脚を鹿の如くし
われをして高き所に立たせ給う。
三五 わが手に戦うことを教え
わが腕は青銅の弓を張る。
三六 あなたはわたしにあなたの救いの盾を与え
あなたの右の手はわたしを支え
あなたのへり下りはわたしを大いなる者とする。
三七 あなたはわが歩みを自由にし
わが踝（くるぶし）はぐらつかない。
三八 わたしはわが敵を追ってこれに追いしき
彼らを滅ぼすまでは帰らない。
三九 わたしは彼らを打ち倒し
彼らは立つ所を失い、わが足の下に倒れた。
四〇 あなたは救いを帯としてわたしを戦いに臨ませ、
わたしに歯向かう者をわが下にかがませた。
四一 あなたはわが敵をわが前に逃げ走らせ
わたしを憎む者をわたしはたち滅ぼす。
四二 彼らは叫んでも助けがなく

ヤハウェに向かっても答えはない。
四三 わたしは彼らを打ち砕き
風の前の塵のようにし
街(ちまた)の芥(あくた)のように踏みにじる。
四四 あなたはわたしをわが民の争いより救い
もろもろの民の上に置き
わたしの知らない族(やから)もわたしにつかえる。
四五 彼らはわたしのことを聞いてわたしにつき従い
異国人(ことくにびと)の子らもわたしにへつらう。
四六 異国人の子らは心衰え
その砦(とりで)から出(い)できたる。
四七 ヤハウェは活き給う、わが砦は讃むべきかな、
わが救いの神は頌(たた)うべきかな。
四八 神はわが仇を返し
もろもろの民をわが足もとに下らせ
四九 わが敵よりわたしを救い出し
わたしに逆らう者の上にわたしを置き
暴(あら)ぶる者よりわたしを救い給う。

五〇その故にヤハウェよ、もろもろの民の中に
わたしはあなたを頌え、み名を讃め歌う。
五一彼はその王に大いなる救いを与え
そのメシヤ、ダビデとその裔(すえ)に
永久(とわ)に恵みを施し給う。

一八　神の栄光（一九A）

一聖歌隊の指揮者に、ダビデの歌。
二もろもろの天は神の栄光を語り
大空はそのみ手の業を示す。
三一日(ひとひ)は他の日に言葉をつたえ
一夜(ひとよ)は他の夜に知識を知らせる。
四言葉もなく、語ることもなく
その声もきこえないのに
五その響きは全地にゆきわたり
その語りかけは地の果てにまで及ぶ。
彼は陽(ひ)のために海に幕屋をもうけられた。

六 陽は花婿がその臥所（ふしど）から出てくるように
勇士がその馳場を走ろうと喜び勇む如くである。
七 陽は天の果てから出（い）できたり
天の果てにまでめぐりゆく。
何物もその熱にふれないものはない。

一九　おきて（一九B）

八 ヤハウェの律法（おきて）は全く
魂を生きかえらせ
ヤハウェの証言（あかし）はかたく
愚かな者を賢くする。
九 ヤハウェの誡命（いましめ）は真すぐで
心を喜ばせ
ヤハウェの掟（おきて）は清く
眼（まなこ）をあきらかにする。
一〇 ヤハウェの言は潔らかで
とこしえに立つ。

ヤハウェのさばきは真実で
みな正しい。
一一 それらは金よりも尊く
多くの純金よりも尊い。
また蜜よりも甘く
蜂の巣の蜜よりも甘い。
一二 あなたの僕もこれらのもので教えをうける。
それらを守れば大きな報いがあろう。
一三 誰かあやまちを悟りえよう、
どうかかくれた罪からわたしを清めて下さい。
一四 不法な人々からも僕をまもり
彼らの支配をまぬかれさせて下さい。
そうすればわたしは欠けなく
重い咎から離れ、清くありえましょう。
一五 わたしの口の言葉があなたに喜ばれ
わたしの心の想いがみ前にとどきますよう、
ああ、ヤハウェ、わが岩、わが贖い主よ。

二〇　王の歌（二〇）

一 聖歌隊の指揮者に、ダビデの歌。
二 ねがわくはヤハウェが悩みの日にあなたに答え
ヤコブの神のみ名があなたを守り給わんことを。
三 彼聖所より助けをあなたに送り
シオンよりあなたを支え
四 あなたのすべての供物にみ心をとめ
あなたの燔祭をよしとし給わんことを。
五 彼あなたの心の願いをゆるし
あなたのすべての計画(はかりごと)を成就し給わんことを。
六 われらはあなたの救いを喜びうたい
われらの神のみ名によって旗を立てよう。
願わくはヤハウェがあなたの
すべての願いを成就し給わんことを。
七 今わたしは知る、
ヤハウェはそのメシヤを救い

その右の手の力強い救いのみ業をもって
その聖き天より彼に答え給うことを。
八 あるいは戦車をたのみ、あるいは馬をたのむ。
しかしわれらはわれらの神ヤㇵウェのみ名を呼ぶ。
九 彼らは躓き、たおれる。
われらはかたく立って、もちこたえる。
一〇 ヤㇵウェよ、王を救い給え、
われらの呼ばわるとき、われらに答え給え。

二一　神と王（二一）

一 聖歌隊の指揮者に、ダビデの歌。
二 ヤㇵウェよ、あなたのみ力によって王は喜び
あなたの救いによってどんなに歓喜に溢れることか。
三 あなたは彼の心の求めを彼に許し、
その唇の願いを拒まれなかった。
四 まことにあなたは彼に祝福と良きものを与え、
その頭（こうべ）に黄金の冠を冠（かむ）せられた。

五彼があなたに生命を求めたとき
あなたはそれを彼に与えられた、
とことわにつづく長き生命を。
六あなたの救いによって彼の栄はいや増し
あなたは彼の上に栄光と尊きとを置かれる。
七まことにあなたは彼にとこしえの祝福を賜い
喜びをもってあなたのみ顔を仰がせられる。
八まことに王はヤハウェに信頼し
いと高き者の恵みによって動くことがない。
九あなたの手はあなたのすべての敵を見つけ出し
あなたの右の手はあなたを憎む者を見つけ出す。
一〇あなたのみ前で、彼らを火の炉のようにされる。
〔ヤハウェはその怒りによって彼らを呑みつくし、
火は彼らを喰いつくす。〕
一一あなたは彼らの実を地より滅ぼし
その種を人の子らよりたち滅ぼす。
一二彼らがあなたに向かって悪事をたくらみ
奸策をめぐらしても、彼らは何も出来ない。

一三あなたは彼らを逃げ走らせ
あなたの弓でその顔を射る。
一四ヤハウェよ、立ち上って下さい、み力をもって。
われらはあなたの大能をうたいかつほめるでしょう。

二二　かえられた歎き（二二）

一聖歌隊の指揮者に、「曙の鹿」式に、ダビデの歌。
二わが神、わが神、何故あなたはわたしを棄てたのか、
わが叫び、わが歎きの声に耳をかさずに。
三わが神よ、昼呼ばわってもあなたは答えず、
夜もわたしは安きを得ない。
四しかしあなたは聖なる方、
イスラエルの讃美の中に住み給う。
五われらの父祖たちはあなたに依り頼んだ、
彼らは依り頼んだので、あなたは彼らを救われた。
六彼らはあなたに叫び求めて助けられ
あなたに依り頼んで恥を受けなかった。

七 しかしわたしは虫であって人ではなく
人に卑しめられ、民にあなどられる。
八 わたしを見る者はみなわたしをあざけり
わたしに向かって大口をあけ、その頭を振る。
九「彼はヤハウェのために生きているから救われるさ。
お気に入りだから助かるさ」と。
一〇 しかしあなたは母の胎からわたしを引き出し
わが母の乳房にわたしを安らわせた。
一一 母の腹を出てすぐわたしはあなたに寄りかかり
わが母の胎を出て以来あなたはわが神に在(いま)す。
一二 わたしに遠ざからないで下さい、
悩みが近づき、助けがこないからです。
一三 多くの雄牛がわたしを囲み
バシァンの野牛がわたしをとり囲んだ。
一四 彼らはわたしに向かってその口を開け、
その様は獲物をかき裂き咆哮する獅子のよう。
一五 わたしは水のように注ぎ出され
わたしの骨はみなはずれ

わたしの心は蠟のようになって
　わが胸のうちにとけた。
一六 わが力は陶器(すえもの)のようにかれはて
　わが舌はわがあごについた。
　あなたはわたしを死の塵に伏させる。
一七 まことに犬どもはわたしを囲み
　悪人どもはわたしを群がり囲んで
　わが手と足をさし貫いた。
一八 わたしは自分の骨をみな数えることが出来る。
　彼らは眼をとめてわたしを見つめる。
一九 またわたしの着物を分ち合い
　わたしの衣服の上でくじを引いた。
二〇 しかしヤハウェよ、遠ざからないで下さい、
　わが力よ、早くきてわたしを助けて下さい。
二一 わが生命を剣から助け出し
　わが尊ぶものを犬の手から救い
二二 わたしを獅子の口、野牛(やぎゅう)の角から救い出して下さい。
　あなたはついにわたしに答え給いました。

二三 わたしはあなたのみ名を兄弟たちに告げ、
集いの中であなたをほめたたえます。
二四 ヤㇵウェを畏れる者よ、彼をほめよ、
ヤコブのすべての裔よ、彼を崇めよ。
イスラエルのすべての子孫よ、彼を恐れよ。
二五 何故なら彼は貧しい者の悩みを軽んぜず、嫌わず
み顔を彼から隠すことなく
彼に叫ぶときに聞き給うから。
二六 わたしは大いなる集いでわが讃美をくり返し
わが誓いを彼を畏れる者の前で果そう。
二七 貧しい者は喰いかつ飽き
ヤㇵウェを求める者は彼をほめたたえる。
願わくは君たちの心がとこしえに生きるように。
二八 地の果てはみな思い出してヤㇵウェに立ち帰り
すべての国の族はあなたのみ前に平伏すであろう。
二九 何故なら支配はヤㇵウェのものであり
彼は多くの国民を治め給うから。
三〇 まことに地下に眠る者もみな彼を拝み

塵に下る者もみな彼の前にひざまずく。
〔しかしその魂を彼は生きかえらせなかった。〕
三〇わたしの子孫は彼につかえ
とこしえにわが主のことを語るであろう。
三一彼らは来て、後に生れる民に彼の救いを告げる。
まことに彼はそのみ業を果し給うた。

二三　牧　者（二三）

一ダビデの歌。
ヤハウェはわが牧者
わたしには欠ける所がない。
二彼はわたしを緑の牧場に伏させ
いこいの水際に導かれる。
三彼はわが魂を生きかえらせ
み名の故にわたしを
正しい道に導かれる。
四たとえ死の蔭の谷を歩んでも

わたしは災いを恐れない。
あなたがわたしと一緒にい給うから。
あなたのしもと、あなたの杖、
それはわたしに勇気を与える。
五 あなたはわが敵の面前で
わたしの前に宴をもうけ
わたしの頭（こうべ）にあぶらを注がれる。
わが盃はみちあふれる。
六 わたしの生きている限り
必ず恵みといつくしみがわたしを追いかけてくる。
わたしはいつまでもヤハウェの家に住むであろう。

二四　栄光の王（二四）

一 ダビデの一つの歌。
地と地に満つるもの
世界とその中に住むものはヤハウェのもの。
二 まことに彼はそれを大水の上にすえ

大川の上にかたく立てた。
三 ヤハウェの山に上るものは誰か、
その聖所に立つ者は誰か。
四 手清く、心汚れを知らざる者
その魂を空しきものに向けず
偽りの誓いをしない者こそその者。
五 その者はヤハウェより祝福を、
その救いの神より義を受ける。
六 それは彼を慕い求める者たち、
ヤコブの神のみ顔を求める者ども。
七 門よ、その頭（こうべ）を上げよ、
とこしえの扉よ、上がれ。
栄光の王が入られる。
八 栄光の王とは誰か、
力ある勇者ヤハウェ
戦いにたけきヤハウェである。
九 門よ、その頭を上げよ、
とこしえの扉よ、上がれ。

栄光の王が入られる。
一〇栄光の王とは誰か、
万軍のヤハウェ
彼こそ栄光の王である。

二五　神を畏れる者（二五）

一ダビデの歌。
あなたに向かって、ヤハウェよ、
わたしはわが魂をもたげる。
二わが神よ、わたしはあなたに依り頼む。
わが敵がわたしに勝ち誇り、
わたしが恥をこうむることのないようにして下さい。
三あなたに依り頼む何人も恥をこうむることはない。
故なくあなたに背く者こそ恥をうけるのです。
四あなたの道をヤハウェよ、わたしに知らせ
あなたの大路（おおじ）をわたしに教えて下さい。
五わたしをあなたの真実（まこと）に歩ませて下さい。

あなたこそわが救いの神なのです。
わたしは日々あなたを待ち望みます。
六ヤハウェよ、あなたの憐れみを想い出して下さい、
またあなたの恵みを。それらは大昔からのものです。
七わたしの若い時の罪と罪科(とが)とを想い出さないで下さい。
あなたの恵みに従って、あなたのいつくしみの故に
ヤハウェよ、わたしを顧みて下さい。
八ヤハウェは恵みにとみ、正しくいます。
それ故罪人に道を教えられる。
九へり下る者を義に歩ませ、
へり下る者にその道を教えられる。
一〇ヤハウェよ、あなたの大路はみな、その契約と
証言(あかし)を守る者には恵みと真実(まこと)である。
一一あなたのみ名の故に、ヤハウェよ、
わが罪を赦して下さい、わが罪は大きいから。
一二ヤハウェを畏れる、その人は誰か。
彼はその選ぶべき道を教えられる。
一三彼はみずから恵みの中にとどまり

その子孫は国を嗣ぐ。
一四ヤハウェの交わりは彼を畏れる者に与えられ
その契約は彼を知る者に与えられる。
一五わが眼はたえずヤハウェに向かう、
彼がわが脚を網より引き出し給うから。
一六わたしの方を見、わたしを憐れんで下さい。
わたしは一人きりでみじめな様なのです。
一七わたしの心の苦しみをゆるめ
憐れみの中からわたしを引き出して下さい。
一八わたしのみじめな様と苦しみをかえりみ
わたしのすべての罪を赦して下さい。
一九わが敵をみて下さい。彼らの数は多いのです。
烈しい憎しみをもってわたしを憎んでいます。
二〇わが魂を守り、わたしを救って下さい。
わたしに恥をこうむらせ給うな、
わたしはあなたの中に身をかくすからです。
二一全きと正しきとがわたしを守って下さるように。
わたしはあなたを待ち望みますから。

二二神よ、イスラエルをそのすべての
災いから贖って下さい。

二六　平らかな地（二六）

一ダビデの歌。
ヤハウェよ、わたしを審いて下さい。
わたしは全きに歩み、よろめくことなく、
ヤハウェに信頼しました。
二ヤハウェよ、わたしを試(こころ)み、験(ため)して下さい。
わたしの腎(むらと)と心を試験して下さい。
三まことにあなたの恵みはわが前にあり
わたしはあなたの真実(まこと)に歩みました。
四わたしは空しい人たちと同席したことはなく
偽りの人たちとことを共にしません。
五わたしは悪を行なう者の集いを憎み
悪人と一緒に坐ることをしません。
六わたしは手を洗って潔きことを示し

あなたの祭壇をめぐって
七 感謝の声をひびかせ
あなたのすべての奇しきみ業を語ります。
八 わたしはあなたの栄光のとどまる所、
あなたの家のその所を愛します。
九 わが魂を罪人と一緒に、
わが生命を血を流す人と共に取り去らないで下さい。
一〇 その人たちの手には恥ずべきことがあり、
その右の手はまいないで一杯です。
一一 しかしわたしは全きに歩みます。
わたしを贖い、わたしを憐れんで下さい。
一二 わが脚は平らかな地に立っています。
わたしは集いの中でヤハウェをほめ讃えましょう。

二七　わが救い（二七）

一 ダビデの歌。
ヤハウェはわが光、わが救い、

わたしは誰をか恐れよう。
ヤハウェはわが生命の砦、
わたしは誰をかおじ恐れよう。
二 悪をなす者がわたしに近づき、
わが敵、わが仇はわが肉を喰おうとした。
しかし彼らは躓き、倒れた。
三 たとえ一つの陣営がわたしにはむかっても
わたしの心は恐れない。
わたしにむかって戦いが始まっても
わたしには依り頼むところがある。
四 一つのことをわたしはヤハウェに願った、
それをわたしは求めた、
わたしの生命のある限り
ヤハウェの家に住み、
ヤハウェの美わしきを見、
その宮を訪ねること。
五 彼は災いの日にわたしを
その幕屋の中にかくまい、

その天幕のかげにわたしをかくし、
岩の上にたかくわたしをおく。
六 今わたしの頭はわたしを囲む
敵の上にたかく上げられる。
その天幕の中でわたしは
喜びの犠牲をささげよう。
ヤハウェに向かい歌うたおう。
七 ヤハウェよ、わが叫ぶ声をきき給え、
わたしを憐れみ、わたしに答え給え。
八「み顔を求めよ」と
わが心があなたに向かって語ったとき、
ヤハウェよ、わたしはあなたのみ顔を求めた。
九 あなたのみ顔をかくし給うな、わたしから、
怒ってあなたの僕をしりぞけ給うな。
あなたはわが助け。
わが救いの神よ、わたしを遠ざけ
わたしを見捨て給うな。
一〇 わが父、わが母がわたしを捨てても

ヤハウェはわたしを受け入れて下さる。
一一 ヤハウェよ、あなたの道をわたしに教え、
わが仇の故に、わたしを
正しい途に導いて下さい。
一二 わたしをわが敵の思うままにさせ給うな。
何故なら偽りの証人がわたしに対して立ち
いきまいて暴逆を企てているからです。
一三 生ける者の地でヤハウェの恵みを
見ることをわたしはかたく信ずる。
一四 「ヤハウェを待ち望め、
君の心をかたくし、強くせよ、
ヤハウェを待ち望め」。

二八　病者の祈り（二八）

一 ダビデの歌。
ヤハウェよ、あなたにわたしは呼ばわる。
わが岩よ、わたしに向かってだまっていないで下さい。

あなたがわたしに何もおっしゃらないと
わたしは穴に降る者と同じことになります。
二 わたしがあなたに向かって叫び、
あなたの至聖所に向かって手を上げる時
わが歎きの声を聞いて下さい。
三 わたしを悪人や不法を行なう者と一緒に
とり去らないで下さい。
彼らはその友と親しげに話していても
その心には悪いことをたくらんでいます。
四 その行ないに応じて彼らに報いて下さい、
その悪い行動に応ずるように。
彼らの手のわざに応じて彼らに報い、
彼らに当然の報いをして下さい。
五 彼らはヤハウェのみわざに目をとめず
そのみ手のわざをかえりみないので
彼は彼らを滅ぼし
再び彼らを建てられることはない。
六 ヤハウェはほむべきかな、

げに彼はわが歎きの声を聞き給うた。
七 ヤハウェはわが力、わが盾
わが心は彼に依り頼む、
わたしは若がえって心は喜び、
わが歌をもって彼をほめたたえる。
八 ヤハウェはその民の力、
彼こそそのメシヤの救いの砦。
九 どうかあなたの民を救って下さい、
あなたの嗣業を祝し、
永遠(とこしえ)に彼らを養い、はぐくんで下さい。

二九　力の神（二九）

一 ダビデの歌。
神の子らよ、ヤハウェに帰せよ、
栄光と力とをヤハウェに帰せよ。
二 そのみ名の栄光をヤハウェに帰し、
聖き顕現の故にヤハウェを拝せよ。

三ヤハウェのみ声は大水の上にあり
栄光の神は雷(いかずち)をとどろかせ
ヤハウェは大水の上にいます。
四ヤハウェのみ声は力をおび
ヤハウェのみ声は威厳にみつ。
五ヤハウェのみ声は香柏をくだき
ヤハウェはレバノンの香柏をくだく。
六彼はレバノンを小牛のようにおどらせ
シルヨンを若き野牛のようにおどらせる。
七ヤハウェのみ声は火の炎を点じ
八ヤハウェのみ声は荒野をふるわせ
ヤハウェはカデシの荒野をふるわせる。
九ヤハウェのみ声は雌鹿に子を生ませ
また林を裸かにする。
その宮居(みやい)の中ですべてのものは栄光なるかな、という。
一〇ヤハウェは天の大水の上に座し
ヤハウェは永遠(とこしえ)の王として御座(みくら)にすわる。
一一ヤハウェはその民に力を与え

ヤハウェは救いをもってその民を恵む。

三〇　死より救われた者の感謝（三〇）

一ダビデの歌、宮潔(みやきよ)めの時のうた。
二ヤハウェよ、わたしはあなたをあがめる。
あなたはわたしをすくい上げ、わが敵が
わが故に喜ぶのを許し給わないから。
三わが神、ヤハウェよ、わたしはあなたに乞い願い
あなたはわたしを医して下さった。
四ヤハウェは陰府からわが魂を上げ
わが生命を墓に下ることから引き上げて下さった。
五ヤハウェの聖徒よ、彼をあがめよ、
讃美をもって、その聖さを覚えよ。
六その怒りはしばしで
その恵みは生命とともに長いからである。
夜には泣き悲しんでも、
朝には喜びがある。

七 幸いな時にわたしはいった、
永遠（とこしえ）にわたしは動かされない、と。
八 ヤハウェは恵みによって、わたしを
かたい山の上に立たせて下さった。
しかしあなたがみ顔をかくされたので
わたしは大いに恐れた。
九 ヤハウェよ、あなたに向かってわたしは叫んだ、
主に向かってわたしは恵みを求めた。
一〇 わたしが墓に下ればわが血に何の益があるでしょう。
塵はあなたをほめたたえるでしょうか。
あなたの真実（まこと）をのべつたえるでしょうか。
一一 ヤハウェよ、聞いて下さい、
わたしを憐れんで下さい。
ヤハウェよ、わが助け手となって下さい、と。
一二 あなたはわが歎きを輪舞にかえ
荒布を解き、喜びを帯として下さった。
一三 わが心があなたをあがめ、
黙（もだ）すことのないためです。

わが神ヤハウェよ、わたしは永遠に
あなたをほめたたえる。

三一　驚くべき恵み（三一）

一 聖歌隊の指揮者に、ダビデの歌。
二 ヤハウェよ、あなたをわたしは避け所としています。
永遠(とこしえ)にわたしに恥をおわせないで下さい、
あなたの義をもってわたしを助けて下さい。
三 あなたの耳をわたしに傾け
速やかにわたしを救って下さい。
わがために護りの岩となり
わたしを援ける固き砦となって下さい。
四 げにあなたはわが岩、わが砦。
み名の故にわたしを導き、道しるべとなり、
五 彼らがわたしのためにもうけた
わなからわたしを助け出して下さい。
あなたはわが護り手なのです。

六あなたのみ手にわが霊をゆだねます、
ヤハウェ、真実(まこと)なる神、あなたがわたしを贖って下さい。
七わたしは憎む、偽りの神々を大事にする者を。
わたしはヤハウェに依り頼むのです。
八あなたの恵みを喜び楽しませて下さい。
あなたはわが悩みをみそなわし、
わが魂の苦しみをかえりみられるからです。
九あなたはわたしを敵の手に渡さず、
わが足を広やかな所に立たせて下さる。
一〇ヤハウェよ、わたしをあわれんで下さい、
わたしは苦しんでいるのです。
わが眼は悲しみによって衰えました〔わが魂も体も〕。
一一げにわが生命は苦痛の中に過ぎ去り、
わが年は歎きの中に過ぎて行きます。
わが力はわが咎のためにつきはて
わが骨はかれはて、一二わが心も衰えはてました。
わたしはわが隣り人にもいたく恥ずかしめられ
わが知り人の恐れのまととなりました。

わたしを街で見る者はわが前から逃げて行きます。
一三 わたしは死んだ人のように人の心に忘れられ
こわれた器物のようになりました。
一四 げにわたしは多くの人のささやきを聞きます、
「恐ろしいことが周りにある」と。
彼らがわたしを害なおうと相談し、
わが生命をとろうとたくらんでいるのです。
一五 しかしわたしは、ヤハウェよ、あなたに依り頼み、
あなたに申します、「あなたはわが神、
一六 わが時はあなたのみ手にあります」と。
わが敵、わたしを迫害する者の手から救って下さい。
一七 み顔を僕の上に輝かせ、
み恵みをもってわたしを助けて下さい。
一八 ヤハウェよ、わたしに恥をおわせないで下さい。
わたしはあなたを呼び求めるからです。
悪人どもが恥をおい
陰府に投げ込まれますように。
一九 虚偽の唇がだまらされるように、

高ぶって〔軽蔑して〕厚かましいことを語る唇が。
二〇あなたを畏れる者のためにあなたが貯え
あなたに信頼する者にあなたが加えられる
あなたのみ恵みの何と多いことか、
人の子らの眼の前で。
二一あなたは彼らをみ顔の陰にかくし
人の中傷から守り
あなたの住居のうちにかくまって
舌の争いをまぬかれさせる。
二二ヤハウェはほむべきかな、防備せる都から
彼は驚くべき恵みをわたしに示された。
二三わたしは驚きあわてて言った、
あなたの眼の前からわたしは絶たれた、と。
しかしわたしがあなたに向かって叫んだとき
まことにあなたはわが願いの声を聞かれた。
二四すべての聖徒たちよ、ヤハウェを愛せよ、
ヤハウェは忠信な者を守られるが
高ぶって行動する者にはしたたかに報いられる。

二五強かれ、君たちの心をかたくせよ、
すべてヤハウェを待ち望む者たちよ。

三二　赦された者の幸い（三二）

一ダビデのマスキールの歌。
その背きが赦されその愆が蔽われた者に幸（さち）あれ。
二ヤハウェがその罪を数え給わない人
その心に偽りのない者に幸あれ。
三沈黙を守っていた間、わが骨は衰えはてた。
わたしは終日うめき叫んでいたから。
四というのは昼も夜もあなたの手は
わたしの上に重かったからです。
わたしの舌は丁度夏の炎熱にあった時のように
乾いて了った。
五そこでわたしは自分の愆をあなたに告白し
自分の罪を隠さなかった。
わたしは言った、さあわたしの背きを

ヤハウェに告白しようと。
その時あなたはわが罪と愆とを赦して下さったのです。
六だから総ての敬虔な者は苦しみの時に
あなたに祈るでしょう。
大水が溢れ流れてきてもその人に及ぶことはない。
七あなたはわたしの避け所です。
苦しみからわたしを救って下さる。
救いの喜びをもってわたしを囲んで下さるのです。
八わたしは君を諭(さと)し、歩むべき道を教えよう。
君の上に眼を注いで導いて上げよう。
九物分かりのない馬や驢馬のようであってはいけない。
それらはくつわや手綱で引き止めないと御しにくい。
一〇悪しき者は悩みが多いが
ヤハウェに依り頼む者は恵みが彼らを囲む。
一一義しい者たちよ、ヤハウェにあって喜び、悦べ。
凡て心の真直なものは歓呼するがよい。

三三 神讃美（三三）

一 義しき者よ、ヤハウェにあって喜べ。
讃美は直き者にふさわしい。
二 琴をもってヤハウェをほめたたえよ、
十絃(とおお)の琴をもって彼をほめうたえ。
三 新しい歌を彼に向かって歌い、
喜びの調べをもって巧みに絃をかきならせよ。
四 げにヤハウェのみ言は直く
そのすべてのみ業は真実(まこと)。
五 彼は義と公平を愛(め)で給う。
ヤハウェの慈(いつく)しみは地に満ちる。
六 ヤハウェのみ言によって天は造られ、
そのみ口のいきによって天の万象は造られた。
七 彼は海の水を甕(かめ)に集め
原始の水を倉におさめる。
八 全地はヤハウェの前に恐れ、

地に住むすべての者はその前にかしこむ。
九 彼が言を語ればその通りになり
命じられるとかたく立つからである。
一〇 ヤハウェは諸国の計画(はかりごと)を空しくし
諸民の思うところをくつがえされる。
一一 ヤハウェの計画は永遠(とこしえ)に立ち
その心の思うところは代々に立つ。
一二 ヤハウェをその神とする国、
彼がおのが嗣業に選んだ民に幸あれ。
一三 ヤハウェは天から見おろされ
すべての人の子らを見られる。
一四 その坐し給う高御座(たかみくら)から
地に住むすべての者をかえりみる。
一五 造り主は彼らの心をつくり、
そのすべての思うところを知られる。
一六 王はその多くの軍勢によって救いを得ず、
勇士はその大いなる力によって助けを得ない。
一七 馬は勝利のために役立たず、

その多くの軍勢は人の助けとならない。
一八 見よ、ヤハウェの目は彼を恐れる者、
その恵みをまち望む者に向けられ、
一九 彼らの魂を死より救い、
饑饉の時にも彼らを生かす。
二〇 われらの魂はヤハウェを望み待つ。
彼はわれらの助け、われらの盾である。
二一 げにわれらの心は彼にあって喜び、
われらはその聖きみ名に依り頼む。
二二 ヤハウェよ、あなたの恵みがわれらの上にあれ、
われらはあなたに望みを托したのだから。

三四　貧しき者の幸い（三四）

一 ダビデの歌。アビメレクが彼を追い出し、彼が去りつつ、アビメレクの前に狂気をよそおった時の。
二 わたしはいつでもヤハウェをほめたたえる。
彼の讃美はわたしの口に絶えることがない。

三わが魂はヤハウェを誇る。
貧しき者たちはこれを聞いて喜ぶ。
四わたしと一緒にヤハウェをあがめよ。
われらともにそのみ名をあがめまつろう。
五わたしはヤハウェを尋ね求めると彼はわたしに答え
わたしをすべての不安から助け出された。
六彼らは彼を仰いで、明るく輝く。
その顔は恥で赤らむことはない。
七この貧しき者が呼び求めるとヤハウェは聞かれ
そのすべての苦しみから救い出された。
八ヤハウェの使いはヤハウェを恐れる者のまわりに
営を張ってこれを助けられる。
九ヤハウェの恵み深きことを味わい知れ。
彼を避け所とするその人に幸あれ。
一〇ヤハウェの聖徒よ、彼を恐れよ、
彼を恐れる者には欠乏がないからだ。
一一若獅子も乏しくなり、飢えることがある。
しかしヤハウェを尋ね求める者は

すべての良きものに欠けることがない。
一一 子らよ、来て、わたしに聞け。
わたしは君らにヤハウェを恐れることを教えよう。
一二 生命を乞い求め、幸いを見るために
長命することを求める者は誰でも
一三 君の舌を悪から守り
君の唇を偽りを語ることから守れ。
一四 悪を避けて善を行なえ、
栄を求め、これを追い求めよ。
一五 ヤハウェの眼は義しき者に注がれ
その耳は彼らの叫びを聞かれる。
一六 ヤハウェのみ顔は悪を行なう者に立ち向かい
その記憶を地からたち滅ぼす。
一七 彼らが叫ぶとヤハウェは聞かれ
そのすべての苦しみから彼らを助けられる。
一八 ヤハウェは心砕かれた者に近く
その霊の悔いくずおれた者を救われる。
一九 義しい者には不幸があいついでも

ヤハウェはそのすべてから彼らを助け出される。
二一彼はそのすべての骨を守り、
その骨の一つも折られることはない。
二二災いは悪人を死にいたらせ
義しい者を憎む者は罪せられる。
二三ヤハウェはその僕らの魂を贖い
彼に依り頼む者はひとりも罪せられることはない。

三五　義とされるための祈り（三五）

一ダビデの歌。
ヤハウェよ、わたしと争う者と争い
わたしと戦う者と戦って下さい。
二盾と円盾をとって
立ってわたしを助けて下さい。
三槍と斧を備えてわたしを追う者に立ち向かい、
わが魂に向かって「わたしはお前の救いだ」と言って下さい。
四わが生命を求める者が恥じあわて

わが災いをはかる者が恥じて後に退かんことを。
五 彼らが風の前のもみがらのようにならんことを。
ヤハウェの使いが彼らを打ち倒さんことを。
六 彼らの道は暗く危うき道となり
ヤハウェの使いが彼らを追跡するように。
七 彼らは故なくわたしに向かって網をもうけ
故なくわたしのために落し穴を掘ったからだ。
八 わなが不意に彼をつかまえ
そのもうけた網が彼を捕え
彼がわなにかからんことを。
九 しかしわが魂はヤハウェにあって喜び
彼の救いを喜び楽しもう。
一〇 わがすべての骨は言うであろう、
「ヤハウェよ、誰か貴神(あなた)の如き者があろう、
弱き者をより強き者より救い
弱き者、貧しき者を強奪者より救う者」。
一一 悪意ある証人は立って
わたしの知らぬことをわたしに尋ねる。

一二 彼らはわたしに善に報いるに悪をもってし
わが生命をすらとろうとする。
一三 しかしわたしは彼らの病気の時、荒布をまとい
断食してわが身を苦しめたものだ、
――わが祈りがわが胸に帰らんことを――
一四 丁度友や兄弟に対するように、
わたしは母のために喪に服する者のように
悲しみうなだれて歩んだのだった。
一五 ところがわたしが躓いた時、彼らは喜んで集って来、
一緒になってわたしを打ち
わたしの知らない者たちはわたしをかき裂き
わたしを中傷してはばからなかった。
一六 わたしをあざける者たちはわたしを囲み
わたしに向かって歯をかみならした。
一七 主よ、いつまで眺めていたもうのか。
吠えたける者からわが魂を救い
獅子の前からわが生命を救って下さい。
一八 大いなる集いの中でわたしはあなたをほめ、

強き民とともにわたしはあなたをほめたたえたい。
一九 偽りを言うわが敵がわたしの故に喜ぶことなく
故なくわたしを憎む者が目くばせし合って
喜ぶことのないように。
二〇 彼らは平和のことを語らず、
この地につつましく生きる者たちに向かい
悪い計画をめぐらすからです。
二一 彼らはわたしに向かってその口をひろげて言う、
ヒヤ、ヒヤ、われらの眼はそれを見た、と。
二二 ヤハウェよ、見て下さい、黙し給うな。
主よ、わたしから遠ざからないで下さい。
二三 わが義のために、わが神、わが主よ、
わが争いのために、起きて目覚めて下さい。
二四 ヤハウェよ、あなたの義に従ってわたしを審き、
わが神よ、わが故に彼らを喜ばせないで下さい。
二五 彼らがその心の中で言うことがないように、
ヒヤ、ヒヤ、いい気味だ、と。
彼らが言うことがないように、やっつけてやった、と。

二六 わたしの不幸を喜ぶ者がみな恥じあわてるように、
わたしに向かって大言壮語する者が
恥と恥辱におおわれるように。
二七 わたしが義とされるのを喜ぶ者が歓呼し、
いつもヤハウェは大いなるかなと言いうるように、
その僕の平安を喜ぶ者が。
二八 そうすればわが舌はあなたの義を語り、
日毎にあなたのほまれを語り告げるでしょう。

三六　生命の泉（三六）

一 聖歌隊の指揮者に、ヤハウェの僕の、ダビデの歌。
二 咎は悪しき者にささやく、その心の中に。
彼の眼前には神の恐れがない。
三 彼はみずからその眼におもねって
罪深い中傷をやってのける。
四 その口の言葉は不法と偽りであり
彼は聡(さと)く正しく行動することをやめた。

五 彼はその臥所（ふしど）で不法をたくらみ
よからぬ道に立ちつくし
悪を嫌わない。
六 ヤハウェよ、あなたの慈（いつく）しみは天にいたり
あなたの真実（まこと）は雲にまでおよぶ。
七 あなたの義は神の山の如く、
あなたの公正は深き淵のようだ。
人と獣をあなたは救われる。
八 ヤハウェよ、あなたの慈しみの貴さよ。
神々と人の子らはあなたの翼の蔭に避け所を得る。
九 彼らはあなたの家の豊かさにあき足り
あなたはあなたの喜びの川から彼らに飲ませる。
一〇 げに生命の泉はあなたのもとにあり
われらはあなたの光にあって光を見る。
一一 あなたを知る者にあなたの慈しみを保たせ、
心直き者にあなたの義をたえず与えて下さい。
一二 高ぶる者の足がわたしをふみつけ、
悪しき者の手がわたしをかり立てる事のないように。

一三見よ、不法を行なう者は倒れ、
打ち倒されて再び立つことはない。

三七　心を悩ますな（三七）

一ダビデの歌。
悪をなす者のために心を悩ましたり、
不義を行なう者のためにいらだったりしないように。
二その人たちは草のようにたちまち枯れ
青草のようにしおれてしまうのだから。
三ヤハウェに信頼して善を行なえ、
この地に留まって真実（まこと）をもって糧（かて）とせよ。
四ヤハウェによって喜び楽しめ、
彼は君の心の願いをかなえて下さるだろう。
五君の道をヤハウェにゆだねよ、
彼に頼めば彼は行動し
六君の義を光のようにあらわし
君の公正を真昼のように明らかにして下さる。

七ヤハウェの前に黙して、彼を待て。
世渡りのうまい者のために心を悩ますな、
ずるいことをしている者のために。
八怒りをやめ、憤(いきどお)りをすてよ、
心を悩ますな、それは悪に誘われることだ。
九悪を行なう者はたち滅ぼされ
ヤハウェを待ち望む者こそ地を嗣ぐからである。
一〇今しばらくすれば悪人は消え失せ
君がその跡を尋ねてももういないだろう。
一一柔和な者は地を嗣(つ)ぎ
豊かな平安を喜び楽しむことが出来よう。
一二悪人は義人に向かって悪いことをたくらみ
義人に向かって歯ぎしりする。
一三主は悪人を嘲笑される。
彼の日の来ることを見ておられるから。
一四悪人は剣を抜き、弓をつがえ
弱い者、貧しい者を倒そうとし
直く歩む者を殺そうとした。

一五 彼らの剣は自分の胸をさし
その弓は折られるであろう。
一六 義人の持つ少しのものは
悪人の多くの財にまさる。
一七 悪人の腕は折られるが
ヤㇵウェは義人を支えられるから。
一八 ヤㇵウェは全き者の日々を知り
彼らの嗣業はとこしえに続く。
一九 災いの臨む時も恥をこうむらず、
飢饉の日々にもあき足りる。
二〇 悪人は滅び、
ヤㇵウェの敵は牧場の栄のように枯れ
煙のように消え失せるからである。
二一 悪人は借りても返すことが出来ない。
義人は人にめぐみ与えることが出来る。
二二 神が祝福される者は地を嗣ぎ
彼が呪う者はたち滅ぼされるからである。
二三 人の歩みはヤㇵウェによって定められ

その道を彼は堅くされる。
二四 彼が倒れても倒れたままにはならない、
ヤハウェがその手を支えておられるから。
二五 わたしは昔若者で今は年老いたが
義人が棄てられ、その子孫が糧に困るのを
見たことはない。
二六 彼はいつも恵んで貸し与え
その子孫は祝福されるにきまっている。
二七 悪を離れ、善を行なえ、
そうすれば君はとこしえに住むことが出来る。
二八 ヤハウェは公義を愛し
その聖徒を見棄てることはないからである。
彼らはとこしえに守られ
悪人の子孫はたち滅ぼされる。
二九 義人は地を嗣ぎ
いつまでもそこに住むことが出来る。
三〇 義人の口は智慧を語り
その舌は公義を述べる。

三一 その神の律法が心のうちにあり、
彼の歩みはよろめくことがない。
三二 悪人は義人を殺そうとして
折をうかがっていても
三三 ヤハウェは義人をその手にゆだねることはせず
悪人が審かれる時彼を悪しとされる。
三四 ヤハウェを待ち望みその道を守れ。
彼は君を高くして地を嗣がせて下さる。
君は悪人がたち滅ぼされるのを見るであろう。
三五 わたしはかつて悪人が栄え
緑の香柏のように盛んなのを見た。
三六 その後そこを通るともう見当らず
探してみたが見つからなかった。
三七 正しきを守り、直きを心がけよ。
そのような人の終りは平安である。
三八 咎を犯す者は全部滅ぼされ
悪人の終りは絶滅である。
三九 義人の救いはヤハウェから臨み、

艱難の時にも彼は彼らの避け所である。
四〇ヤハウェは彼らを助け、彼らを救い出される。
悪人から彼らを救い出してこれを救われる。
彼らは彼を避け所としているからである。

三八　主体的真実（三八）

一ダビデの歌。アズカーラーのために。
二ヤハウェよ、あなたの怒りによってわたしを責めず、
烈しい憤り(いきどお)りをもってわたしを罰しないで下さい。
三あなたの矢がひどくわたしに降りかかり
あなたのみ手がわたしの上にのしかかっています。
四あなたのみ怒りの前にわが肉には健やかな所はなく
わが罪のためにわが骨には全きものがありません。
五わが咎はわが頭を圧して覆いかぶさり
重荷のように負い難く重いのです。
六わが傷はわが愚かの故にうみを出し
悪い臭いをはなっています。

七 わたしは害なわれて、いたく屈み(かが)
終日悲しみつつ歩くのです。
八 わが腰は熱して焼けるようで
わが肉には健やかな所がありません。
九 わたしは力つきはて、いたく打たれ
わが心の呻きによって叫んでいます。
一〇 主よ、わがすべての願いはあなたのみ前にあり
わが歎きはあなたに隠れることはありません。
一一 わが心は熱に侵され、わが力は去り
わが眼の光も、見よ、わたしを離れ去りました。
一二 わが親しい友はわが病いを見て立ちとどまり
わたしに近かった者たちも遠く離れて見ています。
一三 わが生命を求める彼らはわなを設け
わが災いを願う者は滅びのことを言い
終日奸策をめぐらしています。
一四 しかしわたしは耳しいのように聞かず
唖(おし)のように口を開きません。
一五 わたしは耳の聞こえない者のようになり

その口に答えのない者のようになりました。
一六 まことにヤハウェよ、わたしはあなたを待ち望みます。
あなたが、答え給うでしょう、わが主、わが神よ。
一七 わたしは思う、彼らがわが故に喜び、
わが脚の躓く時に歓呼するようなことが
あってはならないと。
一八 わが悩みはいつもわたしに伴ない
わが痛みはたえずわが前にあります。
一九 まことにわが咎をわたしは言い表わし
わが罪のためにわたしは悲しんでいます。
二〇 故なくわたしを憎む者は強く
偽ってわたしに逆らう者は多いのです。
二一 彼らはわたしに善に報いるに悪をもってし
わたしが善きことを求めているので
わたしを敵としているのです。
二二 ヤハウェよ、わたしを棄てないで下さい。
わが神よ、わたしに遠ざからないで下さい。
二三 急いでわたしを助けて下さい、

わが主、わが救いよ。

三九　光を求めて（三九）

一 聖歌隊の指揮者に、イェドトンのための、ダビデの歌。
二 わたしは言った、わたしの道に気をつけ、
舌をもって罪を犯さないようにしよう。
悪人がわたしの前にいる間は
わたしの口にくつわをかけよう、と。
三 わたしは黙ったきりで
悪人の幸い故に語らなかったが
わが痛みが堪えがたく
四 わがうちなる心は熱し
呻きつつ火のように燃えるので
わたしはついに舌をもって語った、
五 ヤハウェよ、わたしの終りを教え
わたしの生涯がいつまでかを教えて下さい、
わたしがいかに儚（はかな）い者であるかを知りうるように。

六御覧下さい、あなたはわが生涯をつかの間とされ
わが生命はみ前で無に等しいのです。
すべての人は立っていても息に過ぎない。
七まことに人は影のように歩きまわり
空しいことのために騒ぎまわるのです。
彼は貯えてもそれが誰のものになるかを知らない。
九わたしをすべてのわが咎から救い出し、
愚かな者のあざけりの的としないで下さい。
一〇わたしは黙して口を開きません。
すべてのことをなさるのはあなただからです。
一一わたしの病いをわたしから除いて下さい。
わたしはみ手の重さのために力つきました。
一二あなたが人を罪の故にこらされる時
人の栄は衣蛾(いが)のようにくちはてるのです。
まことにすべての人は息に過ぎません。
八主よ、今わたしは何を待ち望みましょう、
わが望はあなたにだけあります。
一三わが祈りをおきき下さい、ヤハウェよ。

わが叫びに耳を傾け、
わが涙に見て見ぬふりをしないで下さい。
わたしはあなたの前に旅人であり、
わがすべての先祖のように寓(やど)れる者なのです。
一四 わたしが去っていなくなる前に
眼をそらしてわたしを喜ばせて下さい。

四〇　かえりみ（四〇）

一 聖歌隊の指揮者に、ダビデの一つの歌。
二 わたしは心をつくしてヤハウェを待ち望んだ、
彼は耳を傾けてわが叫びを聞き
三 わたしを滅びの穴
泥沼から引き上げ
わが足を岩の上に立たせ
わが歩みをかたくされた。
四 彼はわが口に新しい歌、
われらの神への讃美の歌を賜わった。

多くの者はこれを見て恐れ
ヤハウェに依り頼んだ。
五 ヤハウェに信頼する
その人に幸あれ。
彼は異教の偶像や
偽りの神像に頼らない。
六 あなたは多くのことをして下さった。
わが神、ヤハウェよ、あなたの奇蹟と
あなたのかえりみはわれらのため。
――あなたに比ぶべき者はない。
わたしがそれを語り告げようとしても
数えつくすことが出来ない。
七 犠牲（いけにえ）と供物をあなたは喜ばれない。
――あなたはわが耳を開かれた。
燔祭と罪祭をあなたは求め給わない。
八 そこでわたしは言った、「見よ、わたしはみもとにゆく。
書（ふみ）の巻にわたしのために記されている、
九 なすべきことが、わが神よ、

あなたのみ心をわたしは喜び、
あなたの律法はわがうちにある」と。
10 大いなる集いでわたしは
義しき佳信を伝えた。
見よ、わが唇をわたしは閉ざさなかった。
ヤハウェよ、あなたはそれを知られる。
11 あなたの義をわたしは
わが心の奥に隠さなかった。
あなたの真(まこと)と救いをわたしは告げ知らせた。
あなたの慈しみと真実をわたしは
大いなる集いの前に蔽い隠さなかった。
12 ヤハウェよ、あなたはあなたの憐れみを
わたしに拒まれないでしょう。
あなたの慈しみと真実が
いつもわたしを守るでしょう。
13 ああ、多くの災いがわたしを囲み
数えがたい程になりました。
わたしの咎はわたしに追いつき

わたしは逃れることが出来ない。
それらはわたしの髪の毛よりも多く
わが気力は失せました。
一四 ヤハウェよ、心を動かし、わたしを救って下さい、
ヤハウェよ、急いでわたしを助けて下さい。
一五 わが命をとろうとする者がみな
恥じ、あわて、わが災いを喜ぶ者が
恥を負って後に退くように。
一六 わたしに向かって、ヒヤ、ヒヤと言う者が
その恥辱の故に驚かんことを。
一七 すべてあなたを求める者があなたにあって
喜び、歓呼せんことを。
あなたの救いを愛する者がつねに
ヤハウェは大いなるかなと言わんことを。
一八 わたしは弱くかつ貧しいが
主はわたしをかえりみられる。
あなたはわたしの助けまた救い主、
わが神よ、躊躇し給うな。

四一　神の現実（四一）

一聖歌隊の指揮者に、ダビデの歌。
二その言葉を慎しむ者に幸あれ。
災いの日にヤハウェは彼を救われる。
三ヤハウェは彼を守り、彼を生かし
この地にあって彼を幸いなものとし
彼をその敵の心のままにわたし給わない。
四ヤハウェは彼を病いの床で助け
その病床で支持を与え
その病気から回復させる。
五わたしは言う、「ヤハウェよ、わたしを憐れみ
わが生命を医し給え、わたしはあなたに罪を犯した」と。
六わが敵はわたしに向かって災いのことを言う、
「彼はいつ死に、その名はいつ滅び失せるか」と。
七見舞いにくるときその心に呪文をとなえ
魔法を使い、外に向かってそれを語る。

八 彼らは一緒になってわたしに敵してささやき、
わが敵はみなわたしに向かって災いをはかる。
九 「彼はたたりにあい、それで病気になったのだから
もうふたたび立ちあがれはしない」と。
一〇 わたしが依り頼んだ一番親しい友、
わたしのパンを食べた者が
わたしに向かってくびすを大きくした。
一一 しかしヤハウェよ、あなたがわたしを憐れみ
わたしを立ちあがらせて下さい。
そうすればわたしは彼らに報いることが出来ます。
一二 わが敵がわたしに災いを及ぼしえないことで
あなたがわたしを受け入れ給うことを知ります。
一三 わたしの全きによってあなたはわたしを支え、
いつまでもわたしをみ前に立たせ給います。
一四 イスラエルの神、ヤハウェは
永遠(とこしえ)より永遠までほむべきかな。
アーメン、アーメン。

四二　待ち望み（四二・四三）

一 聖歌隊の指揮者に、コラの子のマスキールの歌。
二 鹿が乾いた河床に向かってあえぐように
ヤㇵウェよ、わが魂もあなたに向かってあえぐ。
三 わが魂はヤㇵウェに向かい
生ける神に向かってうえかわいている。
いつわたしは行って、
ヤㇵウェのみ顔を見うるのであろう。
四 彼らが一日中わたしに向かって
「お前の神はどこにいる」と言いつづける間
涙は昼も夜もわたしの糧であった。
五 かつてわたしは喜びと讃美の声をあげ
祭りを守る多くの群とともに
栄光の幕屋、神の家へと入った。
このことを今想い起こして、わたしは
わが中にわが魂を注ぎ出す。

六わが魂よ、何故くずおれ、
わが中にうめくのか。
ヤハウェを待ち望め、何故なら再び
わが顔の助け、わが神に
感謝する時も来るであろうから。
七わが中にわが魂はくずおれる。
それ故わたしはヨルダンの地から、
ヘルモンから、ミツァルの山から
あなたを想い起こす。
八あなたの激流のひびきによって
淵は淵に呼びかけ、
あなたの波、あなたの大波は
みなわたしの上を過ぎていった。
九わたしは昼にはヤハウェを、
夜にはその恵みを待ち明かす。
わたしはわが生命の神に向かって
祈りをささげる。
一〇わたしはわが岩なる神にいう、

「何故あなたはわたしをお忘れになったのか。
何故敵のしいたげによって
わたしは悲しみつつ歩くのか。」
二 わが骨もくだけるばかりに
わたしの仇はわたしをあざけり、
終日お前の神はどこにいる、と言いつづける。
三 わが魂よ、何故くずおれ、
わが中にうめくのか。
ヤハウェを待ち望め、何故なら再び
わが顔の助け、わが神に
感謝する時も来るであろうから。
一 ヤハウェよ、わたしを審いて下さい。
情(なさけ)知らぬ民の前に
わが訴えを取り上げ
偽りと邪悪の人から
わたしを救って下さい。
二 まことにあなたはわが砦なる神、
何故わたしを棄てられたのですか。

何故敵のしいたげによって
わたしは悲しみつつ歩くのか。
三 どうかあなたの光と真実（まこと）を送り、
わたしを導いて下さい。
わたしをあなたの聖なる山と
あなたのみ住居に行かせて下さい。
四 そうすればわたしはあなたの祭壇と
わたしの喜ぶ神のもとに行くでしょう。
ヤハウェ、わが神よ、わたしは
琴をもってあなたを讃えましょう。
五 わが魂よ、何故くずおれ、
わが中にうめくのか。
ヤハウェを待ち望め、何故なら再び
わが顔の助け、わが神に
感謝する時も来るであろうから。

四三　ほふられる羊（四四）

一 聖歌隊の指揮者に、コラの子のマスキールの歌。
二 ヤハウェよ、あなたがその昔、いにしえの時に、
あなたのみ手をもってはたされたみ業を
われわれは耳できました、
先祖たちがわれわれに話してくれました。
三 あなたは諸々の民を追いはらい
彼らを植えられました。
あなたは諸々の族を滅ぼし
彼らを自由にされました。
四 げに彼らが土地を得たのは剣によったのでなく
その腕が彼らに救いを得させたのではありません。
あなたの右の手、あなたの腕、み顔の光によるのです。
あなたが彼らを受け入れられたからでした。
五 あなたはわが王、わが神、
ヤコブの救いを定められた方です。
六 あなたにあってわれわれは敵をたおし
あなたのみ名によって仇をふみにじる。
七 げにわたしはわが弓に頼らず

わが剣はわたしを救わない。
八 あなたこそわれらをその敵から救い
あなたがわれらの仇を恥じしめ給います。
九 われらは日毎に神をたたえ
とこしえにあなたのみ名に感謝します。
一〇 しかしあなたはわれらを捨て、われらに恥を負わせ
われらの軍勢と一緒に戦いに臨まず
一一 われらを敵の前から退かせ
仇はわれらを掠奪しました。
一二 あなたはわれらをほふられる羊のようにし
われらを諸国の民の間に散らされました。
一三 あなたの民を安値で売り
高い価を求められませんでした。
一四 あなたはわれらを隣り人の辱かしめにあわせ
まわりの民らのあざけりと笑いの種にされました。
一五 あなたはわれらを諸国の民の諺とし
多くの族のあざけりの的とされました。
一六 わが辱かしめは日毎にわが前にあり、

恥はわが顔を蔽いました。
一七 わたしをそしり、ののしる者の声と
わたしを憎み仇を返す者の故です。
一八 これらのすべてがわれらに臨みましたが
われらはあなたを忘れず、
あなたの契約を拒みませんでした。
一九 われらの心は後に退かず、
歩みはあなたの道から外れません。
二〇 所があなたは山犬のすみかでわれらを砕き
暗闇をもってわれらを蔽われました。
二一 もしわれらがわれらの神の名を忘れ
異教の神に向かって手をひろげたとしたら
二二 ヤハウェはそれを探り出されないであろうか。
げに彼は心のかくれた所をも知り給うのである。
二三 げにわれらは日毎にあなたのために殺され、
屠所（としょ）の羊のように見なされています。
二四 わが主よ、起きて下さい、なぜ眠り給うのですか、
目を覚まして下さい、いつまでも棄てないで下さい。

二五 何故み顔をかくし給うのですか。
われらの苦しみと悩みを忘れ給うのですか。
二六 げにわれらの魂は塵の中にかがみ
われらの腹は土にまみれた。
二七 起きて下さい、われらを助けて下さい。
あなたの恵みの故にわれらを贖い給え。

四四　王の結婚式の歌（四五）

一 聖歌隊の指揮者に、「ゆり」式に、コラの子のために、マスキールの歌。愛のうた。
二 わが心はよきことばにあふれ
わが想念（おもい）は王のためのわが歌を述べよう。
わが舌は速やかに物書く人の筆である。
三 あなたは人の子らにまさって美わしく
恵みがあなたの唇から湧き流れる。
それ故ヤハウェは永久（とこしえ）にあなたを祝福された。
四 丈夫（ますらお）よ、あなたの剣を腰に帯びよ、
あなたの威光と栄をもって

五 勝ちを得て乗り進め、
真実(まこと)のゆえ、また正義のために。
あなたの右の手は恐るべきことをあなたに教えよう。
六 あなたの矢は鋭く、多くの民はあなたに服し
王の敵の心はくじける。
七 神の如き者よ、あなたの御座はとことわに続く。
あなたの王国の杖は正しき杖である。
八 あなたは義を愛し、不義を憎む。
それ故あなたの神ヤハウェはあなたに油を注いだ、
あなたに親しき者の前で喜びの油を。
九 没薬と沈香の香りはあなたの衣にみちた。
あなたの象牙の殿から琴の音があなたを悦ばせた。
一〇 王の娘たち、貴女たちにかこまれて
今やオフィルの金に飾られて王妃はあなたの右に立つ。
一一「娘よ聞け、心を用いて、あなたの耳を傾けよ。
あなたの民とあなたの父の家を忘れよ。
一二 王はあなたの美わしさを慕うであろう。
まことに彼はあなたの主である！」

一三 ツロの娘は今や贈り物を齎らしてあなたの前に平伏(ひれふ)す。
民の貴き者はあなたの恩顧を願い求める。
一四 〔王の娘、〕彼女の最上の飾りは
黄金にちりばめたさんごである。
一五 綾織の衣を身にまとい彼女は王に近づく。
処女らはその後に従い、侍女らは来り
一六 人々は彼女を喜びと歓呼のうちに王宮に入れる。
一七 あなたの子らはあなたの祖先たちに代り
あなたは彼らを全地の君侯(きみ)にすえる。
一八 わたしはあなたの名を後の代々のために語り
それ故に諸国の民らはあなたをたたえる、
常世(とこよ)にわたって。

四五　神はわが櫓　(四六)

一 聖歌隊の指揮者に、コラの子のために、アル・ムース式に、うた。
二 ヤハウェはわれらの避け所また力、
悩める時のいと確かな助け。

三 それ故地は変り、山が海の最中に移っても
われらは恐れない。
四 その大水は騒ぎ立ち
その高ぶりに山々はゆらぐ。
五 一つの川、そのいくつかの流れは
神の都をよろこばせ、
いと高き者はそのみ住居を聖別される。
六 ヤハウェはその中に在し、都は動かない、
ヤハウェは朝早くこれを助ける。
七 民らは騒ぎ、国々は動く。
彼その声を出せば地は崩れる。
八 万軍のヤハウェはわれらとともに、
ヤコブの神はわれらの櫓。
九 来て、見よ、ヤハウェのみ業を。
彼は地に驚くべきことをされる。
一〇 地の果てまで戦をやめさせ、
弓を折り、槍をこぼち、
戦車を火で焼かれる。

二心を静めて知れ、われこそ神、
わたしは国々の中に高くされ
地の上に高くされる。
三万軍のヤハウェはわれらとともに、
ヤコブの神はわれらの櫓。

四六　神の支配（四七）

一聖歌隊の指揮者に、コラの子のための、歌。
二すべての国民は手を打ち、
ヤハウェに向かって喜びの声をあげよ。
三げにいと高きヤハウェは恐るべく
全地の大いなる王にいます。
四彼は多くの国民をわれらの下に降らせ、
多くの族をわれらの足下に下す。
五彼はわれらを選んでその嗣業とし、
誇高きヤコブを選んでこれを愛した。
六ヤハウェは歓呼の声の中に上り

ヤㇵウェはラッパの声とともに上られた。
七 われらの神に向かって歌いつづけ
われらの王に向かって歌いつづけよ。
八 げにヤㇵウェは全地の王にいます。
智慧をもって歌え。
九 ヤㇵウェは多くの民族(たみ)の上に王となった。
ヤㇵウェはその聖なる御座(みくら)に座(ざ)した。
一〇 多くの国民の貴き者は
アブラハムの神の民に加えられた。
げにヤㇵウェは地を統べ治める者
彼は大いにあがめらるべきである。

四七　神の都（四八）

一 うた、コラの子の歌。
二 ヤㇵウェは大いにして
われらの神の都で
大いにほめたたえらるべく

その聖なる山は
三 美わしく高くそびえ
全地の喜び
シオンの山は極北の山
大王の都。
四 神はその砦、
その櫓として知られる。
五 げにも見よ、王たちは集い来り
ともに襲い来った。
六 彼らは見て、忽ち恐れ
あわて、ふためいた。
七 おののきがそこで彼らを捕えた、
子を生む女の如き不安が。
八 あたかも東風が
タルシシの船をこぼつときのように。
九 われらが耳にしたそのままをわれらは見た、
万軍のヤハウェの町、われらの神の都で。
神は永遠に都をかたくされる。

一〇われらはあなたの宮で、ヤㇵウェよ、
あなたの恵みについて思いめぐらした。
一一ヤㇵウェよ、あなたのみ名のように
あなたの誉れは地の果てに及ぶ。
あなたの右の手は義に満ち
一二シオンの山は喜び
ユダの娘たちは歓呼する、
あなたの審きの故に。
一三シオンを囲み、そのまわりを歩き
その見張りの塔を数えよ。
一四君たちの心をその城壁にとめ
その櫓をかえりみよ。
君たちが後の代に語り伝えんため、
一五これはヤㇵウェのものであると。
永遠にいますわれらの神、
彼はとことわにわれらを導かれる。

四八　死の謎（四九）

一 聖歌隊の指揮者に、コラの子の歌。
二 もろもろの民よ、このことを聞け、
地に住むすべての者よ、耳を傾けよ。
三 身分の低い人も高い人も、
富める者も貧しき者も一緒に。
四 わたしの口は智慧を語り
わたしの心は賢きことを想う。
五 わたしは耳を智慧の詞に傾け
琴にあわせてわたしの謎をのべよう。
六 わたしを欺く者の罪がわたしを囲む
災いの日に、何故わたしは恐れるのだろう。
七 彼らはその財に頼み
その富の多きを誇っている。
八 しかし誰も自分を贖うことは出来ず
神に贖い代を払うことは出来ない。

九 その魂の価は余りに高くて
永久にそれは出来ないのである。
一〇 人が永遠に生きて
墓を見なければいいのだが。
一一 いや、賢い者も死に、
愚か者や馬鹿者も一緒に滅んで
その財産を他人に残すのを
人は見ている。
一二 その墓は彼らの永遠の家
代々の住居となる、
諸国を自分の名で呼んでいたのに。
一三 人はその栄華の中に留まらず
滅びうせる獣に等しい。
一四 自分に依り頼んでいる者の道
自分の言葉に満足している者の運命は
一五 獣のように陰府にくだり、
死が彼らの牧者となる。
（義しい者が朝毎に彼らを支配し、

その形はその住む陰府に食いつくされる。」
一六しかしヤハウェはわが魂を贖い
陰府の手からわたしを救われる。
一七人の富が増し、その家の栄が加わるとき
君は恐れる必要はない。
一八死ぬときはすべてをたずさえてはいけないし
その栄が後について行くこともない。
一九生きてる時に自分でも幸いと思い
うまくいくので人がほめても
二〇ついには彼もその先祖たちに加わり
永遠に光を見ることがない。
二一人はその栄華の中に留まらず
滅びうせる獣に等しい。

四九　神を忘れる者（五〇）

一アサフの歌。
神々の神なるヤハウェは語り

日の昇る所から日の没する所まで
地に呼びかけられた。
二 神は限りなく美しいシオンから
照り出で給うた。
三 われらの神は出てこられて、黙し給わない。
火はそのみ前に燃え
そのまわりに燃えさかる。
四 彼はその民を審くために
上なる天に呼びかけ、また地を呼ばれる。
五 「わがためにわが聖徒を集め、
犠牲によってわたしと契約を結ぶ者を集めよ」と。
六 天はその義をあらわした。
まことに神こそ審き主であられる。
七 わが民よ、聞け、わたしは語ろう、
イスラエルよ、わたしは君を戒める、
「わたしは君の神、ヤハウェである。
八 わたしは犠牲のために君を責めない、
君の燔祭はいつもわが前にある。

九わたしは君の家から若き雄牛をとらず
君の檻から雄山羊をとらない。
一〇何故なら林の野獣はみなわがもの、
いと高き山々に住む獣たちもわがもの。
一一またわたしは山に住むすべての鳥を知り、
野にある生物もわたしのもの。
一二たとえわたしが飢えても君に訴えはしない。
世界とそれに満ちるものはわがものだから。
一三わたしが雄牛の肉を食べるだろうか、
雄山羊の血を飲むだろうか。
一四ヤハウェに感謝をささげ
いと高き者に君の誓いを果たせ。
一五苦しみの時にわたしを呼べ、
わたしは君を救い、君はわたしを崇める」。
一六〔ヤハウェは悪しき者に言われる、〕
「わが誡命を数え上げて何になるのだ、
わが契約を口にして何になるのだ。
一七その君は警告を憎み、

わが言葉をすてて顧みないではないか。
一八 君は盗人を見て、彼とことをともにし、
姦淫を犯す者と一緒ではないか。
一九 君は君の口を悪事のために用い
君の舌はいつわりを編み出す。
二〇 君は君の兄弟に向かって虚言を語り
君の母の子を中傷する。
二一 こんな事を君がしていてもわたしが黙っているので
君はわたしを自分と同じものに考えている。
わたしは君を非難し、君を糾弾する。
二二 神を忘れる者よ、このことを心にとめよ、
わたしが君をかき裂くことのないように、
そうすればもう救う者はない。
二三 感謝をささげものにする者はわたしを崇める者、
全く歩む者、その者にわたしはわが救いを示そう」。

五〇　砕かれた魂（五一）

一 聖歌隊の指揮者に、ダビデの歌、二 ダビデがバテシェバと通じた後で、預言者ナタンが彼の
所に来た時の。

三 ヤハウェよ、あなたの恵みに従ってわたしをあわれみ、
あなたの多くの憐れみによってわが咎を消し給え。
四 わが不義からわたしをすっかり洗い清め
わが罪からわたしをきれいにして下さい。
五 わたしはわが咎を知り、わが罪は常にわが前にあります。
六 あなたに向かってあなたにだけ、わたしは罪を犯し
あなたの眼の前で悪いことをいたしました。
それはあなたが語られる時、あなたが義しとされ
審かれる時、あなたが聖き方とされるためです。
七 見よ、不義の中にわたしは生み落とされ
罪の中にわが母はわたしを妊（はら）んだのです。
八 見よ、あなたは深い所で真実を求め給います。
隠れた所でわたしに智慧を教えて下さいます。

九ヒソプをもってわたしを罪から清め給え、
わたしは清くなるでしょう。
わたしを洗い給え、わたしは雪よりも白くなるでしょう。
一〇わたしに喜びと楽しみとを聞かせ、
あなたが砕かれた骨を喜ばせて下さい。
一一み顔をわが罪からそむけ、わがすべての咎を消し給え。
一二ヤハウェよ、わがために清き心を創り
わが中に確かな新しい霊を起こして下さい。
一三わたしをみ前から棄てないで下さい。
あなたの聖き霊をわたしから取り去り給うな。
一四わたしにあなたの救いの喜びを返し
あなたに従う霊をもってわたしを支え給え。
一五わたしは咎を犯した者にあなたの道を教えたい。
罪人はあなたに立ち帰るでしょう。
一六ヤハウェよ、血を流した罪からわたしを救い給え。
わたしの舌はあなたの義を喜び歌うでしょう。
一七主よ、わが唇を開き給え。
わたしの口はあなたの栄を告げ知らせるでしょう。

一八あなたは犠牲（いけにえ）を喜び給いません。
わたしがそれを捧げても、燔祭を好み給いません。
一九ヤハウェよ、わたしの捧げる犠牲は砕かれた魂です。
砕かれた悔いた心を、神よ、あなたは軽しめ給いません。
二〇〔あなたのみ心に従ってシオンに恵みを施し、
エルサレムの城壁を築いて下さい。
二一その時義しい犠牲、燔祭、全燔祭をあなたは受け入れ、
その時人々はあなたの祭壇に雄牛を捧げるでしょう。〕

五一　悪人の滅び（五二）

一聖歌隊の指揮者に、ダビデのマスキールの歌。
二エドム人ドエグがやって来て、サウルに告げて、ダビデがアヒメレクの家に入ったと言った時の。
三強き者よ、何故君は悪を誇るのか、
神の聖徒に向かって何故いつも
四君は破滅を図るのか。
君の舌はとぎすました剃刀（かみそり）のようだ、

いつわりを行なう者よ。
五君は善よりも悪を、
正しい言葉よりも虚言を好む。
六君の好むのは亡びの言葉だけ、
いつわりの舌よ。
七しかし神は君をとこしえに滅ぼし、
君を砕き、天幕から追いだし
生ける者の地から君を根こそぎにされる。
八義しき者はこれを見て恐れ
さらにあざけり笑って言う、
九「見よ、ヤㇵウェをその避け所とせず
おのれの富の多きに依り頼み
その亡びのわざに頼んだこの人を」と。
一〇しかしわたしはヤㇵウェの家の緑のオリーブ、
わたしはとことわにヤㇵウェの恵みに依り頼む。
一一わたしはとこしえにあなたをほめる。
あなたのみわざの故に
あなたのみ名を待ち望む、

み名はあなたの聖徒の前にいかによきかな。

五二　愚かな者（五三）

一聖歌隊の指揮者に、マハラテ式に、ダビデのマスキールの歌。
二愚かな者はその心の中に神はないという。
彼らは汚れた憎むべき不法を行なった。
善を行なう者はいない。
三ヤハウェが天から人の子らを見下し、
賢い者、神を求める者がいるか、どうか御覧になった。
四ところがみな迷い出て、くされはて
善を行なう者などいない。一人もいない。
五悪をなす者は分からないのか。
彼らはパンを食うように、わが民を食い、
ヤハウェを呼ぶことをしないのだ。
六しかしそこで彼らは大いに恐れた。
何故ならヤハウェは彼らを散らされたからである。
不虔な者は恥をかく。

ヤハウェは彼らを棄てられるからである。
七どうかシオンからイスラエルの救いが出るように。
ヤハウェがその民の運命を転換されるとき
ヤコブは喜び、イスラエルは楽しむであろう。

五三　敵の滅び（五四）

一聖歌隊の指揮者に、琴とともに、ダビデのマスキールの歌。
二ジフ人が来て、サウルに「ダビデはわれわれの所に隠れています」と告げた時の。
三ヤハウェよ、あなたのみ名によってわたしを救い
あなたのみ力によってわがために裁いて下さい。
四ヤハウェよ、わが祈りを聞き
わが口の言葉に耳を傾けて下さい。
五高ぶる者がわたしに逆らって立ち
荒ぶる者がわが生命を求めているからです。
彼らは神を神としないのです。
六見よ、ヤハウェはわが助け手、
主はわが生命を支え給う方。

七 災いはわが敵の上に帰り
彼は真実（まこと）をもって彼らを滅ぼされた。
八 わたしは喜んであなたに犠牲をささげ
げに美わしいあなたのみ名をたたえよう。
九 彼はすべての苦しみからわたしを救い
わが眼は敵がどうなるかを見たからです。

五四　神への逃亡（五五）

一 聖歌隊の指揮者に、琴とともに、ダビデのマスキールの歌。
二 ヤハウェよ、わが祈りに耳を傾け、
わが歎きの前に身を隠し給うな。
三 わたしに聴き、わたしに答え給え。
わたしは悲しみのためにつぶされ、
四 敵の声と悪しき者の圧迫の前におののいている。
彼らはわたしに災いをたくらみ、
わたしを怒り、わたしを憎んでいる。
五 わが心はわがうちにふるえ、

死の恐怖がわたしに臨んだ。
六 恐れとおののきがわたしを襲い、
驚愕がわたしをとり囲んだ。
七 わたしは思った、鳩のような翼があったらよいのに、
そうすればわたしは飛んで行って安全な所に住もう。
八 みよ、わたしは遠くへ逃れ、荒野に宿ろう、
九 はげしい暴風（あらし）を逃れて、避難所へ急ごうと。
一〇 主よ、彼らを乱し、その舌を分かち給え。
わたしは町に暴逆と争いを見る。
一一 昼も夜も彼らは町の城壁の上を行きめぐり、
町の中には災いと不法がある。
一二 その中には破壊がつづき
圧制と姦計が市場から跡をたたない。
一三 敵がわたしをそしるのみではない、
もしそうならなお忍ぶことも出来よう。
わたしを憎む者がわたしに向かって高ぶるのみではない、
もしそうならその前から隠れることも出来よう。
一四 ところがそれは君だ、わたしと同じ者、

わたしの友、わたしの親しい者だったのだ。
一五 わたしたちはともに交わりを深くし
多くの群とともに神の家に上った。
二一 彼はその手を友に向かって伸ばし、
契約を破った。
二二 その口は濃い乳よりもなめらかで
しかもその心には戦いがある。
その言葉は油よりもやわらかで
実は抜かれた刃(やいば)である。
一六 死がたちまち彼らに臨み
生きながら陰府に下ればよいに。
彼らは何処にいても心に悪をたくらんでいるからだ。
一七 わたしは神に向かって叫び、
ヤハウェはわたしを救い給う。
一八 夕にも朝にも昼にも
わたしはうめきつつ訴える。
彼はわが叫びを聴き給う。
一九 わが魂をわが戦いの中から贖い、平安を給う。

わたしに立ち向かう者が多いからである。
二〇 神は聴いて、昔より御座に座す者として
彼らを低くされる。
彼らがあいも変らず、神を恐れないからである。
二三 君の荷をヤハウェにゆだねよ、
彼は君を支え給う。
義しい者が動かされるのを
いつまでも許し給わない。
二四 ヤハウェよ、あなたは彼らを
深い穴の底におとし給う。
血を流し、いつわりを行なう者は
その生涯の半ばにも達しない。
しかしわたしはあなたに依り頼む。

五五　さすらい（五六）

一 聖歌隊の指揮者に、「遠い所のテレビントにいる鳩」式に、ダビデのミクタムの歌。ダビデをペリシテ人がガデで捕えた時の。

二 ヤㇵウェよ、わたしをあわれんで下さい。
人々がわたしに迫り、
仇する者がひねもすわたしを苦しめるのです。
三 わたしの敵はひねもすわたしに迫り、
わたしを攻める者がほんとに多いのです。
四 彼らの力を何故わたしは恐れるのだろう。
わたしはただあなたに依り頼めばよいのだ。
五 ヤㇵウェにあって、そのみ言葉をわたしはたたえる。
ヤㇵウェに依り頼んで恐れない。
肉なる者はわたしに何をなし得よう。
六 彼らはひねもすわたしの言葉をあざけり、
その計画（はかりごと）はみなわたしを害なうことに向けられる。
七 彼らはわたしをうかがい、わたしを狙い、
わたしの跡をつけ、わが生命を求める者のようである。
八 彼らの不法を見給え。怒りをもって
もろもろの民を倒し給え、ヤㇵウェよ。
九 あなたはわたしのさすらいを数えられた。
わたしの涙をあなたの皮袋にたくわえ給え。

〔それはあなたの書（ふみ）に記されてはいないか。〕
一〇わたしが叫ぶとき、そのとき
わたしに敵する者は後にしりぞく。
それによって神がわたしに味方し給うを知る。
一一ヤハウェにあって、そのみ言葉をわたしはたたえる、
〔ヤハウェにあって、そのみ言葉をわたしはたたえる。〕
一二ヤハウェに依り頼んで恐れない。
人はわたしに何をなし得よう。
一三〔ヤハウェよ、わたしはあなたに向かって誓った。
わたしはあなたに感謝の犠牲（いけにえ）をささげよう。〕
一四あなたはわが魂を死より
わが足を躓きより救い、
生命の光の中に神の前に歩ませられる。

五六　主体的信仰（五七）

一聖歌隊の指揮者に、「滅ぼすな」式に、ダビデのミクタムの歌。彼がサウルの前から逃れ、洞穴にあった時の。

二ヤハウェよ、わたしを憐れんで下さい。
わが魂はあなたを避け所とするのです。
あなたの翼の蔭にわたしは避け所を見出します、
災いが過ぎ去るときまで。
三わたしはいと高き神に呼ばわる、
わがために事をなし終え給う神に。
四彼が天より送り、わたしに追い迫る者の辱かしめから
わたしを救い出して下さるように。
神が慈しみと真実とを送って下さるように。
五わたし自身は人の子らの生命をねらう
獅子の間に伏さねばならない。
その歯は槍と矢であり
その舌は鋭い剣である。
六〔ヤハウェよ、御自身を天よりも高くし、
あなたのみ栄を全地の上に上げて下さい。〕
七彼らはわが歩みの前に網をはった。
わが魂はうなだれた。
彼らはわが前に穴を掘り

自らその穴に落ちたのです。
八ヤㇵウェよ、わが心は定まった、
わが心は定まった。
わたしは歌い、わたしはたたえよう。
九わが栄よ、さめよ、
琴と竪琴（たてごと）よ、さめよ。
わたしはしののめを呼びさまそう。
一〇主よ、わたしは諸国民の間であなたに感謝し
諸族の間であなたをほめたたえよう。
一一げにあなたの慈しみは大きく、天にとどき
あなたの真実は雲にとどく。
一二ヤㇵウェよ、御自身を天よりも高くし、
あなたのみ栄を全地の上に上げて下さい。

五七　審き給う神（五八）

一聖歌隊の指揮者に、「滅ぼすな」式に、ダビデのミクタムの歌。
二神々よ、あなた方は本当に義を語り

人の子らを正しく裁いているか。
三 そうではなく悪意をもって地の上で仕事をし
あなた方の手は暴逆の秤を用いている。
四 悪人は母の胎を出た時から背きをかさね
虚言者は生れ落ちた時から迷いをかさねる。
五 彼らの毒は毒蛇の毒に似ている。
彼らは耳しいた蛇のように耳を閉じる。
六 それは魔術者の声に聞かず、
熟練した呪術者にも聞かない蛇である。
七 神よ、彼らの口の歯を折って下さい、
獅子の牙を砕いて下さい、ヤㇵウェよ。
八 彼らを流れ去る水のように過ぎ去らせ
矢を射てもその矢がへなへなになるように。
九 かたつむりのようにとけて消えさり
日の目を見ない早産の児のように去らせて下さい。
一〇 茨がこんもりと茂る前に
刺草（いらくさ）や雑草のように一掃して下さい。
一一 義人は復讐を見て喜び

悪人の血でその足を洗う。
一二人は言う、げに義人には報いがあり
げに地を審き給う神はある、と。

五八　王の戦い（五九）

一聖歌隊の指揮者に、「滅ぼすな」式に、ダビデのミクタムの歌。サウルが人を遣わし、ダビデ
を殺そうとしてその家の見張りをさせた時の。
二わが敵からわたしを救って下さい、わが神よ、
わたしに逆らう者からわたしを守って下さい。
三不法を行なう者からわたしを救い
血を流す人々からわたしを助け出して下さい。
四げにも見よ、彼らは待ち伏せしてわが生命を窺い
力の強い者どもがわたしをねらっている、
ヤハウェよ、わたしに咎も罪もない筈なのに。
五わが悪の故でなく彼らはわたしをめがけて攻める。
わたしを助けるために起きて、見張って下さい。
六あなたは万軍のヤハウェ、イスラエルの神です。

目を覚まして、すべての異教の徒を罰し
悪を行なう裏切者をみな憐れまないで下さい。
七 彼らは夕になると帰ってきて
犬のようにほえ、町を歩きまわる。
八 見よ、彼らはその口からあわを吹き
その唇には剣がある、
「いや、誰が聞いているものか」と。
九 しかしヤハウェよ、あなたは彼らをあざ笑い
あなたはすべての異教の徒を嘲笑される。
一〇 わが砦よ、わたしはあなたを待ち望む、
げにヤハウェはわが櫓である。
一一 わが神、その恵みはわたしに先立ち
ヤハウェは恐れなくわたしを敵に直面させる。
一二 彼らを殺し給うな、わが民を忘れないために。
み力をもって彼らを散らし、彼らを低くして下さい。
主はわれらの盾である。
一三 その口の罪、その唇の言葉に彼らを捕えさせ、
その高ぶり、呪い、虚偽の故に彼らの記録されんことを。

一四 怒りをもって彼らを全く滅ぼし、無き者にし、
人々にヤハウェがヤコブを支配することを知らせ
地の果てまでも知らせて下さい。
一五 〔彼らは夕になると帰ってきて
犬のようにほえ、町を歩きまわる。
一六 彼らは食物を求めてあさり歩き
飽くことなく夜を過ごす。〕
一七 しかしわたしはあなたのみ力を歌い
朝毎にあなたの恵みを喜ぶ。
げにあなたはわが櫓となり
わが苦しみの日に避け所となられたのだ。
一八 〔わが砦よ、わたしはあなたに向かって歌おう。
げにヤハウェはわが櫓、わが神、その恵みは…〕

五九　われらの助け　（六〇）

一 聖歌隊の指揮者に、「あかしの百合(ゆり)」式に、教えのためのダビデの歌。二 ダビデがアラム・ナハライムおよびアラム・ゾバと戦った時、ヨアブが帰りに塩の谷でエドム人一万二千人を撃

った。
三ヤハウェよ、あなたはわれらを棄て、
われらを破り、怒り給うた。
ねがわくはわれらを再び返し給え。
四あなたは地をふるわせ、これを裂かれた。
願わくはその破れを医し給え。
まことに地はゆれうごく。
五あなたはその民に堪えがたきことを見させ、
酒をのませてわれらをよろめかせられた。
六あなたはあなたを恐れる者のために旗をかかげ
弓の前から逃れさせた。
七あなたの愛する者を救うために
あなたの右の手をもって助け、
われらに答えたまえ。
八ヤハウェはその聖所にあって言われた、
「わたしは喜びの叫びをあげ、
シケムを分かち、スコテの谷を測る。
九ギレアデもマナセもともにわたしのもの、

エフライムはわがかぶと、
ユダはわが杖、
一〇 モアブの水はわが足だらい、
エドムにはわがくつを投げる。
わたしはペリシテに対して勝ちどきを上げる」。
一一 誰がわたしを堅固な町につれてゆくであろう。
誰がわたしをエドムに導くであろう。
一二 ヤハウェよ、あなたはわれらを棄て、
われらの軍勢とともに出ては下さらない。
一三 敵に対してわれらに救いを与えて下さい。
人の助けは空しいのです。
一四 ヤハウェにあってわれらは勇ましく戦おう。
われらの敵をふみにじるものは彼である。

六〇　陰府のふちより（六一）

一 聖歌隊の指揮者に、琴にあわせて、ダビデの歌。
二 ヤハウェよ、わが歎きを聞いて下さい。

わが祈りに耳を傾けて下さい。
三 わが心のくずおれたまま、わたしは
陰府（よみ）のふちからあなたに呼ばわります。
及び難い程の高い岩にわたしを導いて下さい。
四 げにあなたはわたしにとっての避け所、
敵をふせぐ堅き櫓となられたのです。
五 わたしは永久（とこしえ）にあなたの幕屋に住み
あなたの翼の蔭に避け所を見出します。
六 げにヤハウェよ、あなたはわが誓いを聞き
み名を畏れる者の願いをかなえられるのです。
七 どうか王の生涯の日々を増し加え
そのよわいをよろず代にいたらせて下さい。
八 彼が永遠にヤハウェの前に王位にあり
いつくしみと恵みが彼の守りとなるように。
九 そうすればわたしはみ名をいつまでも歌い
わが誓いを日毎に果たすでしょう。

六一　神を待つ（六二）

一 聖歌隊の指揮者に、イェドトンのための、ダビデの歌。
二 わが魂はもだしてただヤハウェを待つ、
わが救いは彼からくる。
三 彼こそはわが岩、わが救い、わが櫓、
わたしは〔全く〕不動である。
四 君たちはいつまで人に非難をあびせ
一緒になって傾いた石垣や倒れそうな籬（まがき）のように
人を倒そうとはかるのか。
五 彼らはたばかりのみをたくらみ
人を誘惑することを喜ぶ。
彼らは偽ってその口では祝し
その心では実は呪っている。
六 わが魂よ、もだしてただヤハウェを待て。
げにわが望は彼からくる。
七〔彼こそはわが岩、わが救い、わが櫓、

わたしは不動である。」
八わが救いとわが栄はヤハウェにあり、
わが助けの岩、わが避け所はヤハウェにある。
九人々よ、いつも彼に依り頼め、
み前に君たちの心を注ぎ出せ。
ヤハウェはわれらの避け所である。
一〇げに低い人は空しく
高い人は偽りである。
彼らをはかりにかけると
彼らはともに息よりも軽い。
一一君たちは圧制をこととしてはならない、
強奪に空しい希望を托してはならない。
富が増し加わってもそれに心をかけるな。
一二ヤハウェは一つのことを言われた、
二つのことをわたしは聞いた、
力はヤハウェにあることを、
一三いつくしみも主に属することを。
あなたは人おのおのに

その業に従って報いられるのである。

六二　生命にまさる恵み　(六三)

一ダビデの歌、彼がユダの荒野にいた時の。
二わが神、ヤハウェよ、わたしはあなたを尋ね求める。
わが魂は乾いてあなたをしたう。
水のない、乾き衰えた地にあるように
わが体(からだ)もあなたを恋いしたう。
三それ故あなたの力と栄とを見ようとして
聖所にあってわたしは切にあなたを求めた。
四あなたの恵みは生命にもまさる故
わが唇はあなたをほめたたえる。
五それ故わたしはわが生命のある限り
あなたをあがめまつり、
あなたのみ名によってわが手をあげる。
六わが魂は髄と油をもってもてなされるように
飽き足り、わが唇は喜びをたたえ

わが口はあなたをほめまつる。
七 わが床にあってあなたを想い起こし
夜のふけるままにあなたのことを思うとき
八 あなたはわが助けとなられ、
あなたの翼の蔭でわたしは喜ぶ。
九 わが魂はあなたの後をおいすがり
まことにあなたの右の手はわたしを支える。
一〇 しかし故なくわが生命を求めるものは
地の深きところにおもむく。
一一 彼らは剣の刃に渡され、
山犬の喰うところとなろう。
一二 王はヤハウェにあって喜ぶ。
彼によって誓う者はみな誇ることが出来る。
げに偽りを語る者の口はふさがれるであろう。

六三　審　き（六四）

一 聖歌隊の指揮者に、ダビデの歌。

二 ヤハウェよ、わが歎きの声を聞いて下さい、
敵の脅かしからわが生命を守って下さい。
三 わたしを悪人のひそかな計画（はかりごと）から
不法を行なう者の集いから隠して下さい。
四 彼らはその舌を剣のように鋭くし
毒を含んだ言葉を矢のように尖らせるのです。
五 それは隠れた所で罪なき者を射るためであり、
彼らは罪なき者を突如射て、少しも恐れません。
六 彼らは悪事に固執し
ひそかにわなを設けて思うには
「誰が自分たちを見ているものか、
七 この完全犯罪を注視しているものか」と。
注視している者はよく見ている、
人の内心と奥深き心の底を。
八 ヤハウェは矢をもって彼らを射る。
突如彼らは傷をうける。
九 彼は舌の罪の故に彼らを倒し、
彼らを見る者はみな逃げ去る。

一〇すべての人は恐れつつ
ヤハウェのなす所を告げ知らせ
そのみわざを悟る。
一一義しき者よ、ヤハウェにあって喜べ、
ヤハウェを避け所とせよ、
心直き者はみな誇るべし。

六四　神の恵み（六五）

一聖歌隊の指揮者に、ダビデの歌。うた。
二ヤハウェよ、シオンで讃美は
あなたにふさわしい。
人はあなたに誓いを果たすだろう。
三祈りを聞き給う者よ、あなたの所へ
すべての肉なる者は来る、
四その罪のゆえに。
われらの咎がわれらに打ち勝つ時
あなたがそれらの咎をゆるされる。

五あなたが選び、あなたに近づけられて
あなたの前庭に住む人に幸あれ。
われらはあなたの家のよきものと
あなたの宮居（みやい）の聖さにあき足りる。
六あなたは審きの時にわれらに示される、
恐るべきみわざを、われらの救いの神、
地のすべての果て、遠き島々の望なる者よ。
七彼はみ力をもって山々を築き、
威勢をその身に帯び、
八海のかしがましきとその波のとどろき、
諸国の民の騒ぎを静められる。
九地の果てに住む者はあなたの徴（しるし）におののく。
あなたは東と西のいやはてを喜ばせる。
一〇あなたはこの地を訪ない、喜びおどらせ
豊かに水を注いでこれを富ます。
神の川は水に満ち
あなたは彼らに穀物を給う、
げにあなたはそれを給う。

一一あなたは畔溝をうるおし、土をならし
豊かな雨でそれをやわらかにし、
その作物を祝福される。
一二あなたは恵みをもって年の終りを全うし
み足の跡には油がしたたる。
一三野の牧はしたたり
丘は歓喜を身にまとう。
一四牧場は群をもって装われ
谷間は穀物をもって満たされる。
彼らは歓呼して喜びうたう。

六五　祈りを聞かれる神（六六）

一聖歌隊の指揮者に、うた、歌。
全地よ、ヤハウェに向かって喜び歌え、
二そのみ名の栄光を歌い、
彼にそのみ名の栄を帰せよ。
三ヤハウェに向かって言え、

「あなたのみ業はいかに恐るべきかな。
大いなるみ力の故にあなたの敵はあなたに服し、
四 全地はあなたを拝し、あなたに向かって歌い
み名をほめ歌う」と。
五 来て、ヤハウェの妙なる業を見よ、
人の子らの上にその為し給う所の恐ろしさよ。
六 彼は海を変えて乾いた所とし
人々は流れを徒（かち）で渡った。
その所でわれらは彼を喜んだ。
七 彼はみ力をもって永遠（とこしえ）に治め、
その眼は諸国民の上に注がれている。
逆らう者は身を起こすことが出来ない。
八 諸国の民よ、われらの神をたたえ、
その讃美の声をひびかせよ。
九 彼はわれらの魂を生かし
われらの足の躓くことを許さない。
一〇 ヤハウェよ、げにあなたはわれらを験（ため）し
銀（しろがね）を練（ね）りきよめるようにわれらを練られた。

一二あなたはわれらを苦境におとし入れ
われらの腰に堪えがたい苦痛を与え
一三われらの頭上に人々を過ぎゆかせた。
われらは火の中、水の中を通った。
しかしあなたはわれらを救ってわれらを自由にした。
一三わたしは燔祭をもってあなたの家に入り、
わが誓願をあなたに果たそう。
一四その誓願はわが悩みのときに
唇を開いてわが口が約束したもの。
一五わたしは肥えた獣の燔祭と
雄羊の犠牲の香りをあなたに齎らし、
雄牛と雄山羊をあなたに献げる。
一六いざ聞け、神を畏れるすべての者よ、
わたしは彼がわが魂になさったことを語ろう。
一七わが口は彼に呼ばわり
わが舌は彼をあがめる。
一八もしわが心に不法があれば
主はわたしに聞き給わない。

一九 しかしヤハウェは聞き
わが願いの声に耳を傾けられた。
二〇 ヤハウェはほむべきかな、
彼はわが祈りを却(しりぞ)けず
その恵みをわたしに残された。

六六　祝　福（六七）

一 聖歌隊の指揮者に、琴とともに、歌、うた。
二 ヤハウェよ、われらを恵み、われらを祝し給え。
み顔を照し、われらの所に来て下さい。
三 地にあって人があなたの力を知り
すべての民族(やから)があなたの救いを知るためです。
四 もろもろの民は、ヤハウェよ、あなたをほめ
もろもろの民はこぞってあなたをほめるでしょう。
五 もろもろの国民(くにたみ)は喜び歌うでしょう、
あなたが民らを正しく審き
地にある国民らを導かれるからです。

六もろもろの民は、ヤハウェよ、あなたをほめ
もろもろの民はこぞってあなたをほめるでしょう。
七地はその実りを与え、
われらの神、ヤハウェはわれらを祝されるように。
八ヤハウェよ、われらを祝し給え。
そうすれば地のすべての果てまでも
ヤハウェを畏れるでしょう。
（もろもろの民は、ヤハウェよ、あなたをほめ
もろもろの民はこぞってあなたをほめるでしょう。）

六七　シオンに在(いま)す神　（六八）

一聖歌隊の指揮者に、ダビデの、歌、うた。
二ヤハウェが立ち上られると、
彼の敵は散らされ
彼を憎む者はみ前から逃げ去る。
三去りゆく煙が消え去るように
火の前にろうが溶(と)けるように

悪しき者はヤㇵウェの前から滅び失せる。
四 しかし義人はヤㇵウェの前に喜びおどり
いたく喜び楽しむ。
五 ヤㇵウェに向かって歌え、
そのみ名をほめよ、
雲に乗られる者にその道をそなえよ、
ヤㇵはそのみ名、彼の前に歓呼せよ。
六 彼はみなしごの父、
やもめの保護者、
ヤㇵウェはその聖なるみ住居におられる。
七 ヤㇵウェは身寄りなき者を家に帰らせ
囚人（めしうど）を解いて歌い手とする。
しかし逆らう者は乾いた地に住む。
八 ヤㇵウェよ、あなたがその民の前に先立ち
荒野を歩まれたとき、
九 地はふるえ、天もしたたらせた、
シナイの神なるヤㇵウェのみ前
イスラエルの神ヤㇵウェのみ前に。

一〇ヤハウェよ、あなたは豊かな雨を降らせ
あなたの嗣業なる疲れた地を建て直された。
一一彼らはあなたの食物で飽き足りる、
ヤハウェよ、あなたは貧しき者に良きものを賜う。
一二主はみ言葉を与えられる。
喜びの音信（おとずれ）を伝える者は大いなる群。
一三軍勢を率いる王たちは逃げに逃げた。
家の前庭で分捕物が分けられる。
一四君らは羊のおりの中に留まるのか。
鳩の翼は銀をもって蔽われ
その羽毛は輝く金をもって蔽われる。
一五全能者が〔そこで〕王たちを散らされたとき
黒い山に雪が降った。
一六神の山、蛇の山、
聳え立つ山、蛇の山よ、
一七何故君たち聳え立つ山々は
ヤハウェがその住家（すみか）として望み
ヤハウェが永遠に住まわれる山を

敵視するのか。
一八ヤハウェの戦車は幾千万。
主はシナイから聖所に来られた。
一九あなたは高き所に上られ、
虜(とりこ)をひきい
人々から贈り物を受けられた。
…………………
二〇日毎にわれらのために重荷を負われる
主はほむべきかな。
神はわれらの救いである。
二一神はわれらにとって多くの救いの神、
死より逃れうるは主ヤハウェによる。
二二げにヤハウェはその敵の頭を砕かれる、
罪の中を歩む者の毛深い脳天を。
二三主は言われた、蛇の山からわたしは連れ戻す、
海の深みからわたしは連れ戻す。
二四君の足が彼らの血で洗われ
君の犬の舌が分前を敵から得られるように。

二五 ヤハウェよ、人々はあなたの行進を見た、
わが神、わが王が聖所へと行進されるのを。
二六 歌うたう者は先立ち、琴をひく者は殿(しんがり)となり
鼓(つづみ)をとる乙女らは真中(まなか)を行く。
二七 集いの中でヤハウェをたたえよ、
ヤハウェをイスラエルの群の中から。
二八 かしこにベニヤミンあり、年若くして率い
ユダの君侯(きみ)たちは多くの群衆の中にあり
ゼブロンの君侯たち、ナフタリの君侯たちもいる。
二九 ヤハウェよ、あなたの力を奮い起こし、
ヤハウェよ、あなたがわれらのために建てられたものを強め給え。
三〇 いと高き者よ、エルサレムはあなたの宮、
王たちはあなたのもとに贈り物をもたらす。
三一 葦の茂みにすむ獣をこらし給え、
雄牛とその子らの群を。
彼らは銀を求めて諸国民をふみにじり
戦いを好んで諸国民を散らした。
三二 エジプトの商人は青い布をもたらし、

クシはその手の工(わざ)をヤハウェにささげる。
三三 地のもろもろの王国よ、ヤハウェに向かって歌え、
主をほめうたえ、
三四 天を乗り行く者、原初の天を乗り行く者を。
見よ、彼はそのみ声、力あるみ声を上げられる。
三五 力をヤハウェに帰せよ、
イスラエルのいと高き者に。
その威厳とその力は雲の中にある。
三六 ヤハウェはその聖所の故に恐るべく
げにイスラエルの神こそ民に
力と勝利とを与えられる。
ヤハウェはほむべきかな。

六八　神の家への熱心（六九）

一 聖歌隊の指揮者に、「ゆり」式に、ダビデの歌。
二 ヤハウェよ、わたしをお救い下さい。
大水がわたしの喉(のど)までとどいたからです。

三 わたしは深い泥(どろ)の中に立つ瀬もなく沈んだ。
水の深みに落ちて、流れがわが上にあふれた。
四 わたしは叫びつづけたので疲れ、わが喉(のど)はかわき
わが眼はわが神を待ちわびて衰えた。
五 故なくわたしを憎む者はわが頭(かしら)の毛よりも多く
わたしを滅ぼそうとする偽りの敵の力は強い。
わたしが奪ったものでないものも償(つぐな)わねばならない。
六 ヤハウェよ、あなたはわが愚かを知りたもう。
わたしの罪はあなたから隠れることは出来ません。
七 主なる万軍のヤハウェよ、あなたを待ち望む者が
わが故に恥をこうむらず、あなたを求める者が
わが故に辱かしめられることのないように、
イスラエルの神よ。
八 何故ならあなたの故にわたしは恥を負い
辱かしめはわが顔をおおったからです。
九 わたしはわが兄弟には未知の人となり
わが母の子らには知られざる者のようになった。
一〇 何故ならあなたの家への熱心がわたしを喰いつくし

あなたをそしる者のそしりがわたしに臨んだから。
一一 わたしが断食して自分を苦しめれば
かえってわたしは多くのそしりを受ける。
一二 わたしが荒布をわが身にまとえば
かえって彼らのあざけりの的となる。
一三 門に座する者はわたしのことを語り
酒飲みの歌もわたしのことを語っている。
一四 しかしわが祈りは、ヤハウェよ、
恵みの時にあなたにいたる。
神よ、あなたの恵みの大いなるにより、
あなたの救いの真実(まこと)をもって、わたしに答えて下さい。
一五 わたしが泥(ひじ)の中に沈まないよう、わたしを救い
わたしを憎む者と水の深みからわたしを救って下さい。
一六 水がわが上にあふれることなく、
深い水がわたしを呑みこまないように、
井戸がその口をわたしの上に閉じることのないように。
一七 ヤハウェよ、あなたの豊かな恵みに従ってわたしに答え
あなたの多くの憐れみによってわたしを顧みて下さい。

一八み顔をあなたの僕(しもべ)から隠さないで下さい。
わたしは苦しんでいます、早くわたしに答えて下さい。
一九わが魂に近く寄ってこれを贖い、
わが敵の故にわたしを買い取って下さい。
二〇あなたはわがそしり、わが恥、わが辱かしめを知り給う。
わたしの敵はみなあなたの前にあります。
二一そしりはわが心を砕き、わたしは病み
同情を探し求めたけれども、どこにもなく
慰める者を求めたけれども見出さなかった。
二二彼らはわが食物に毒を入れ
わが渇いた時に酢を飲ませた。
二三彼らの食卓はその前でわなとなり
その宴席はあみとなれ。
二四彼らの眼は暗くなって、見えなくなり
彼らの腰をたえず、よろめかせて下さい。
二五あなたの怒りを彼らの上に注ぎ、
あなたの燃える憤りを彼らに臨ませて下さい。
二六彼らの宿る所は荒地となり

その幕屋には住む者がなくなるように。
二七 何故ならあなたの撃たれた者を彼らは迫害し
あなたに傷つけられた者の痛みを彼らは増し加えるから。
二八 彼らの罪責を加えに加え、あなたの義に与らせないで下さい。
二九 彼らが生命の書から消され、彼らが
義しい者と一緒に記録されることのないように。
三〇 しかしわたしは乏しく、悩んでいる。
ヤㇵウェよ、あなたの救いがわたしを護って下さい。
三一 わたしは歌をもってヤㇵウェのみ名をほめ
感謝の歌をもって彼をたたえよう。
三二 それは雄牛、角とひづめのある雄牛にまさって
ヤㇵウェに悦ばれる。
三三 柔和なる者はこれを見て喜ぶ、
ヤㇵウェを求める者よ、君たちの心は生きる。
三四 まことにヤㇵウェは貧しき者に聴き
その囚われ人を軽しめ給わない。
三五 天と地と、海とすべてその中にあるものは
彼をほめよ。

三六 まことにヤハウェはシオンを救い
ユダの町々を建てたもう。
彼らはそこに住まい、それを占る。
三七 その僕の裔はそれを嗣ぎ
そのみ名を愛する者はそこに住むであろう。

六九　たすけ（七〇）

一 聖歌隊の指揮者に、ダビデの、記念に。
二 ヤハウェよ、わたしを救って下さい、
ヤハウェよ、急いでわたしを助けて下さい。
三 わが命をとろうとする者がみな
恥じ、あわて、わが災いを喜ぶ者が
恥を負って後に退くように。
四 わたしに向かって、ヒヤ、ヒヤと言う者が
その恥辱の故に退かんことを。
五 すべてあなたを求める者があなたにあって
喜び、歓呼せんことを。

あなたの救いを愛する者がつねに
ヤハウェは大いなるかなと言わんことを。
六わたしは弱くかつ貧しい。
神よ、急いで来て下さい、わたしの所に。
あなたはわたしの助けまた救い主、
ヤハウェよ、躊躇し給うな。

七〇 贖われた魂（七一）

一ヤハウェよ、あなたをわたしは避け所としています。
永遠（とこしえ）にわたしに恥をおわせないで下さい。
二あなたの義をもってわたしを救い、助けて下さい。
あなたの耳をわたしに傾け、わたしを救い出し
三わたしのために護りの岩となり
わたしを援ける固き砦となって下さい。
げにあなたはわが岩、わが砦です。
四わが神よ、わたしを救って下さい、悪しき者の手と
不虔な者、圧制する者の手中から。

五げに主よ、あなたはわが望
ヤハウェよ、わたしが若い時から依り頼む者。
六わたしは母の胎以来あなたによって支えられ
母の腹を出た時からあなたはわが力。
わが讃美はいつもあなたに向けられています。
七わたしは射る者の的のようになりました。
しかしあなたはわたしにとって力強い避け所です。
八わが口はあなたの讃美で満たされ
終日あなたの栄光で満たされています。
九老年になってもわたしを棄てないで下さい、
わが力の衰える時にわたしを見棄てないで下さい。
一〇げにわが敵はわたしに目をとめ
わが生命をねらう者はともにはかり
一一「ヤハウェが彼を見棄てた時に彼を追え、
彼をつかまえよ、彼を救う者はない」と言います。
一二ヤハウェよ、わたしから遠ざからないで下さい。
わが神よ、急いでわたしを助けて下さい。
一三わが生命を憎む者が恥じあわて

わが災いを求める者が恥辱に蔽われるように。
一四 しかしわたしはいつも待ち望み
あなたへの讃美をいよいよ増し加えよう。
一五 わが口はあなたの義を語り
終日あなたの救いを語るでしょう。
わたしはその数をしらないのです。
一六 わたしは主の力にあふれてみ前に入り
ひとりあなたの義を告げるでしょう。
一七 ヤハウェよ、あなたは若い時からわたしを教え
今にいたるまでわたしはあなたの奇蹟を述べてきました。
一八 わたしが年老いて白髪になるときも
ヤハウェよ、わたしを棄てないで下さい。
わたしがあなたのみ腕の力を
来るべき世(よ)代に述べ終るまで。
一九 ヤハウェよ、あなたの義は高き所に及ぶ、
あなたは大いなることをなさいました。
ヤハウェよ、誰かあなたに如(し)く者がありましょう。
二〇 あなたはわたしを多くのひどい悩みにあわせたが

再びわたしを生かし給う、
陰府の深き所から再びわたしを上げ給う。
二一 わが誉れをまし加え
わたしを顧み、慰めて下さい。
二二 わたしは琴をもってあなたをたたえ
わが神よ、あなたの真実（まこと）をたたえましょう。
イスラエルの聖者よ、竪琴をもって
あなたに向かってほめうたいます。
二三 わが唇とあなたの贖われたわが魂は
あなたに叫び、あなたをほめうたいます。
二四 わが舌もまた終日あなたの義を数えましょう。
わが災いを求める者はいたく恥じるでしょう。

七一　秩序としての義（七二）

一 ソロモンによる。
ヤハウェよ、あなたの正しさを王に与え、
あなたの義を王の子に与えて下さい。

二 彼が義をもってあなたの民を審き、
正しさをもってあなたの貧しい者を審くように。
三 山々は民に平和をもたらし
丘は義をもたらすように。
四 彼は民の貧しい者のために裁き
しいたげを行なう者を砕いて、
貧窮の子らを救うように。
五 彼は日とともに生き続け
月のあらん限り代々生き続けるように。
六 彼は牧に下る露のように下り
地をうるおす夕立のように臨むように。
七 彼の治世（よ）に義は栄え
平和は月のなくなるまで満ちるように。
八 彼は海から海まで
河から地の果てまで治めるように。
九 その敵は彼の前にかがみ
その仇は塵をなめるように。
一〇 タルシシと島々の王たちは

贈り物をもたらし
シバとセバの王たちは
貢物を入れるように。
一一 すべての王たちは彼の前に平伏し
すべての族は彼に仕えるように。
一二 げに彼は助けを求める貧窮の者と
助け手なき貧しい者を救う。
一三 乏しい者と貧窮の者をあわれみ
貧しい者の生命を救い
一四 圧制と暴力から彼らの生命を贖う。
彼らの血はその眼に貴重だからである。
一五 彼は生き、シバの金が彼に与えられ
人はたえず彼のために祈り
日毎に彼を祝するように。
一六 その地には穀物が満ちあふれ
山々の頂きにも群を牧い
レバノンのようにその果(み)は栄え
野の草のように盛んならんことを。

一七彼の名はとこしえに続き
日のあらん限りその名は栄え
すべての族は彼にあって祝福され
彼をほめたたえるであろう。
一八イスラエルの神ヤハウェはほむべきかな、
彼はひとり不思議なるわざをなし給う。
一九その栄えあるみ名はとこしえにほむべきかな、
その栄光は全地に満ちる。
アーメン、アーメン。
二〇イサイの子、ダビデの祈りは終った。

七二　近き神（七三）

一アサフの歌。
神は直き者に向かってやはり恵み深く、
ヤハウェは心清き者に向かっていつくしみ深い。
二しかしわたしは——わが足ほとんど躓くばかり

わが歩み正に顚倒せんばかりであった。
三何故ならわたしは悪しき者の幸福なのを見て、
不義をなす者をねたんだからである。
四何故なら彼らには悩みもなく
健康でその身体(からだ)は肥えふとっている。
五世の人の負う重荷もなく
他の人のように苦しみにあうこともない。
六それ故高ぶりは彼らの首飾りであり
暴逆は衣のように彼らをおおう。
七その眼は脂肪のためにとび出し
その心は悪い計画(くわだて)で一杯である。
八彼らはあざけり、悪口をいい、
曲ったことを高びしゃに語る。
九彼らはその口を天に置き
その舌は地をはいまわる。
一〇それ故民は彼らにたより
その言葉をそのまま受け入れる。
一一彼らは言う、「神は知りはしない、

いと高き者に知識があろうか」と。
一二 みよ、これが悪しき者たちである、
いつも幸福で、ますます盛んになる。
一三 わたしはやはり無駄に心を清め、
罪を離れて手を洗ったのだ。
一四 わたしは終日悩み
朝毎にこらしめられている。
一五 わたしもかの者たちと同じことを言うとすれば
あなたの子らの世を誤らせることになる。
一六 わたしはこれを理解しようと考えたが
それは困難なことに思われた。
一七 神の奥義に立ち入り、
彼らの終りが何であるか、悟るまでは。
一八 まことにあなたは彼らを危うい所におき
彼らをたおして滅びにゆだねる。
一九 なんと突然彼らは亡ぼされ
驚いたことに、消え失せてしまったか。
二〇 目が覚めた時夢が過ぎさり、

見たものを人が軽んずるように。
二一 わたしの心が思い乱れ
胸中で色々に思い悩んだ時
二二 わたしは悟りなき愚かな者、
あなたのみ前で獣のようであった。
二三 しかしわたしは常にあなたと共にあり、
あなたはわが右の手をかたく取られる。
二四 あなたの計画(はかりごと)のままにあなたはわたしを導き、
その後――栄光の中にわたしを受け給う。
二五 わたしにとってあなたの他に天には誰もなく
地にはあなたを離れてわたしの慕う者はない。
二六 わが肉とわが心は衰える、
しかし神はいつまでもわが岩、わが生命である。
二七 まことにみよ、あなたに遠い者は滅び、
あなたから迷い出る者はみなあなたが滅ぼされる。
二八 しかしわたしは――神の近きを喜び、
主なるヤハウェに信頼し、
その総てのみ業を宣べ伝える。

七三　民の歎き（七四）

一 アサフのマスキールの歌。
ヤハウェよ、何故あなたは永遠にわれらを見棄て
あなたの怒りはあなたの牧の羊に向かい燃えるのか。
二 想い起こして下さい、昔あなたが買い取られた
あなたの集い、嗣業として贖われた族を、
あなたが住まわれたこのシオンの山を。
三 あなたの歩みをもたげて永遠の廃墟に向けて下さい。
敵はあなたの聖所のすべてを壊しました。
四 あなたの敵はあなたの集会の真中でほえたけり、
何百というしるしを立てました。
五 彼らは葉をはらう者のように打ち倒し、
斧で茂った木を倒すようにしました。
六 彼らは戸口をことごとく打ち破り
手斧と槌で打ちこわし
七 あなたの聖所に火をはなち、

み名の住み給う所をひどくけがしました。
八彼らは心のうちに思うには
「われらはことごとく滅ぼそう、
地にあるすべての神の集会を焼き払おう」と。
九われらのしるしをわれらは見ず、
預言者ももういません。
われらの中にそれがいつまでか知る者はないのです。
一〇ヤハウェよ、仇はいつまでけがしごとを言うのです。
敵は永遠にあなたのみ名をそしるのですか。
一一なぜあなたのみ手をひっこめておられるのです。
なぜ右のみ手をふところに入れたままなのです。
一二しかしヤハウェよ、あなたは昔からのわたしの王、
地の真中に救いを行ない給う方です。
一三み力をもって海を打たれたのはあなたであり、
水の上で竜の頭を砕かれたのはあなたです。
一四あなたはレビヤタンの頭を断ち切り、
海のふかのための食い物とされました。
一五あなたは泉と川とを開き、

水のつきない流れをほされた方です。
一六 昼もあなたのもの、夜もあなたのもの。
月と日を設けられたのはあなたです。
一七 あなたは地のすべての地域を定め、
あなたは夏と冬とをつくられた。
一八 ヤハウェよ、このことを想い起こして下さい、
敵はけがしごとを言い
愚かな民はみ名をそしるのです。
一九 あなたに教えられる者を野獣にわたさないで下さい。
あなたに属する貧しい者の生命を永遠に忘れないで下さい。
二〇 あなたの砦を顧みて下さい、
町は暗黒で、田舎は暴逆で満ちています。
二一 踏みつけられた者が恥を負うままにしないで下さい。
貧しい者、乏しい者がみ名をほめたたえるように。
二二 ヤハウェよ、たち上ってあなたの事を貫いて下さい。
愚かな者たちが終日あなたをそしるのを覚え給え。
二三 あなたの仇の叫びとあなたに逆らう者の
たえず起こす騒ぎを忘れ給うな。

七四　盃（七五）

一 聖歌隊の指揮者に、「滅ぼすな」式に、アサフの歌、うた。
二 ヤハウェよ、われらはあなたに感謝します。
いと近き者よ、み名に感謝します、
あなたの妙なるみ業を語り告げながら。
三 「わたしが時をつかむや
わたしは正しい審きを行なう。
四 地とすべてその上に住む者がよろめく時、
わたしは地の柱をかたくする」。
五 わたしは高ぶる者に言う、「高ぶるな」と。
悪しき者に言う、「角を高くするな、
六 君たちの角を上に向かって高くするな、
岩なる神に向かって厚かましく語るな」と。
七 高くされることは東からでも西からでも
砂漠からでもないからだ。
八 まことに神こそ審き主であり、

この者を低くし、かの者を高くされる。
九まことにヤハウェの手に盃（さかずき）があり、
蜜をよくまぜた酒があわだっている。
ヤハウェは次々に盃に酒を注ぎ、
地のすべての悪しき者は
その酒のおりまで飲みほさねばならぬ。
一〇しかしわたしは永遠（とこしえ）に喜び、
ヤコブの神に向かってほめ歌う。
一一「わたしは悪しき者の角をみな砕く、
義しき者の角は高くされるであろう」。

七五　平和と審き（七六）

一聖歌隊の指揮者に、琴とともに、アサフの歌。うた。
二ヤハウェはユダに知られ、
大いなるかな、イスラエルのうちにそのみ名は。
三その幕屋はサレムにあり、その住居はシオンにある。
四かしこで彼は弓と火矢と、盾と剣と武器を折る。

五 あなたは恐るべく、
永遠（とこしえ）の山々よりも気高く、
六 心強き勇士たちも虜（とりこ）とせられ
その力強き手はなえおとろえ
彼らは永久（とわ）の眠りにつく。
七 ヤコブの神よ、あなたの叱責の前に
戦車も馬も立ちすくむ。
八 あなたは恐るべく、
そのみ怒りの力故に
誰かみ前に立つことが出来よう。
九 あなたは天から審判（さばき）を告げる、
地は恐れて、その口をつぐむ、
一〇 ヤハウェが地の低き者みなを救うべく
審きのために立ち上るとき。
一一 げに人の怒りはあなたをほめたたえ、
死を免れた者はあなたを祝う。
一二 君たちの神ヤハウェに誓い、その誓いを果たせ。
彼を囲む者はみな恐るべき神に献物をもたらせ。

一三 彼は君侯たちの高ぶりを抑（おさ）え、
地の王たちの恐れる者。

七六　神のみ業（七七）

一 聖歌隊の指揮者に、イェドトンのために、アサフの歌。
二 わが声をヤハウェに向けて、わたしは叫ぶ。
わが声をヤハウェに向ける、わたしに聴き給えと。
三 わが悩みの日、わたしは主を求める。
倦むことなく〔夜〕わが手を差しのべ、
わが魂は慰めらるることを拒む。
四 ヤハウェを想いつつわたしはうめき、
想いをこらしつつ、わが霊は衰える。
五 あなたはわが瞼（まぶた）をおさえ、
想い乱れて、物言うこともわたしは出来ない。
六 わたしはいにしえの日を思い
過ぎし年月のことを思う。
七 夜は心のうちに思いめぐらし

わが霊は想いをこらして尋ね求める。
八 主はとこしえに棄て給うたのか、
再び憐れみをかけ給わぬのか、
九 その恵みは永久に去り、
いく代までも言葉をかけ給わぬのか。
一〇 神は恵みを施すことを忘れ、
怒ってその憐れみを閉ざし給うたのかと。
一一 その時わたしは言った、いと高き者の右の手が
変ったと思ったことこそ恥辱である、と。
一二 わたしはヤハウェのみ業を想い、
あなたの先の日の不思議な業を想う。
一三 あなたのすべての業を考え、
あなたのなさった事に想いをこらす。
一四 ヤハウェよ、あなたの道は聖く、
いかなる神がヤハウェの如く大いなる。
一五 あなたは不思議を為し給う神、
諸国民の中にみ力をあらわす。
一六 み腕をもってあなたの民、

ヤコブとヨセフの子らを贖われる。
一七 ヤㇵウェよ、大水はあなたを見、
あなたを見てふるえる。
淵もまたおそれおののく。
一八 雲は水を注ぎ、
厚き雲は雷（かみなり）をとどろかす。
あなたの矢もまた飛びかう。
一九 あなたの雷の音は車の中にあり、
稲妻は世界を照し
地はおびえつつゆらぐ。
二〇 あなたの道は水の中にあり、
あなたの大路（おおじ）は大水の中にある。
しかしみ足の跡を知る者はない。
二一 あなたはその民を羊のように
モーセとアロンによって導かれた。

七七 選び（七八）

一 アサフのマスキールの歌。
わが民よ、わが教えに聴き、
わが口の言の葉に耳傾けよ。
二 わたしは口を開いて詞を語り、
いにしえからの謎を告げよう。
三 われらが聞いて知りえたところ、
先祖たちが語ったものを
四 わたしは子孫にかくさずに
後の代のため語りつげる、
ヤハウェの光輝あるみ業と力、
なし給うた奇蹟の数々を。
五 彼は証しをヤコブのうちに立て、
教えをイスラエルのうちに置いた。
それらは子孫に知らせるべく
彼が先祖たちに命じたもの。

六後の代に生れでる子らが
　それらを知り
　立って彼らの子らに伝え、
七みながヤハウェに信頼し
　神のみわざを忘れずに
　その誡命（いましめ）を守るため、
八またその先祖たちのように
　背きかつ逆らう族（やから）とならず、
　心定まらざる族、その霊が
　神に向かって不忠な者とならぬため。
九エフライムの子らは、弓矢で武装していたのに
　戦いの日に逃げねばならなかった。
一〇彼らはヤハウェの契約を守らず、
　その律法に従って歩むことを拒んだ。
一一彼らはそのみわざを忘れ、
　示された奇蹟を忘れた。
一二彼はエジプトの地、ゾアンの野で
　その先祖らの前に不思議を行ない、

一三 海を分けて彼らを越えゆかせ
水を垣のようにうず高くした。
一四 昼は雲をもって彼らを導き
夜中火の光をもって導いた。
一五 彼は荒野で岩を裂き
大いなる淵のようにして彼らに飲ませた。
一六 岩陰から小川を流れさせ、
水を川のようにほとばしらせた。
一七 しかし彼らは重ねて彼に罪を犯し、
乾いた地でいと高き者に逆らった。
一八 彼らは心のうちで神を試み、
欲にかられて食物を求めた。
一九 彼らは言った、「はたして神は荒野で
食卓をそなえることが出来ようか。
二〇 見よ、彼が岩を打つと
水が流れ出て、川となって溢れたが
神はパンを与えることが出来ようか、
その民のために肉を備えることが出来ようか」。

二一 ヤハウェはこれを聞いて憤り、
火はヤコブのうちに燃えた、
怒りはイスラエルに向かって発した。
二二 彼らがヤハウェを信じなかったからであり、
その救いに信頼しなかったからである。
二三 そこで彼は上なる雲に命じ
天のとびらを開かれた。
二四 彼らの上にマナを降らせ
天なる穀物を彼らに与えた。
二五 天使のパンをみなが食べ、
豊かな食糧が与えられた。
二六 彼は東風を天から吹かせ
南風をみ力をもって送った。
二七 彼は塵のように肉を降らせ、
海の砂のように翼ある鳥をこさせた。
二八 それらの鳥を営のうち、
彼らの住む所のまわりに下した。
二九 彼らは食べて、飽き足り

彼は彼らの欲望を満ち足らわせた。
三〇その食物がまだその口にあるのに
彼らはまたもその欲にとらえられた。
三一そこでヤハウェの怒りは彼らに向かって発し、
そのうちの指導者たちを殺し、
イスラエルの若者たちを打ち倒した。
三二にもかかわらず彼らはなお罪を犯し
彼の奇蹟の数々を信じなかった。
三三そこで彼は彼らの日々を空しくし、
彼らの年を恐怖のうちに過ごさせた。
三四彼が彼らを殺した時、彼らは彼を求め、
悔い改めて、神を尋ね求めた。
三五ヤハウェが彼らの岩であり
いと高き神が贖い主なることを想った。
三六そこで彼らはその口で彼にへつらい、
その舌で彼をあざむいた。
三七その心は彼に向かって定まらず、
その契約を信じなかった。

三八しかし彼は憐れみに富み
罪を赦し
滅ぼすことをされなかった。
しばしばその怒りをとどめ
憤りをことごとく洩らされなかった。
三九彼らが肉なることを想い、
過ぎ去って帰らぬ息なることを想い起こされた。
四〇いかにしばしば彼らは荒野で逆らい
乾ける地でみ心を悲しませたであろう。
四一くり返し神を試み
イスラエルの聖者を傷つけた。
四二彼のみ手と、その敵から
彼らが贖われた日のことを忘れたのだ。
四三(彼がエジプトでそのしるしを与え
ゾアンの野でその不思議を示されたのに。
四四彼はエジプトの川々を血に変え
彼らはその流れを飲むことが出来なかった。
四五彼はあぶを送って彼らを嚙ませ、

蛙を送って彼らを滅ぼさせた。
四六 彼らの作物を若いなごに渡し、
農作物を大いなごに渡した。
四七 彼らの葡萄をひょうで打ち
桑の木をあられでたたいた。
四八 彼らの家畜をひょうにゆだね、
群を稲妻に渡した。
四九 彼らに向かって烈しい怒りを送り、
燃ゆる憤りを洩らしつくし
災いの天使の群を送った。
五〇 その怒りをとどめることをせず、
彼らの魂を惜しみなく死に渡し、
彼らの生命を疫病にゆだねた。
五一 彼はエジプトですべての首子(ういご)を殺し
ハムの天幕で最初の力の実を殺した。」
五二 彼はおのれの民を羊のように移し
群のように荒野で彼らを導いた。
五三 彼らを安らかに率い、彼らは恐れず、海は彼らの敵どもを蔽いつくした。
五四 彼らをその聖なる山に入れ
右のみ手が買い取った山地へと導いた。
五五 彼は諸国の民を彼らの前から追いはらい
くじを引いてその地を彼らの嗣業とし
イスラエルの諸族をその天幕に住まわせた。
五六 しかるに彼らはいと高きヤハウェを試み、これに逆らい
その証しを守ろうとはしなかった。
五七 彼らはその先祖のように退いて裏切りを重ね、
たるんだ弓のように役立たぬものになった。
五八 彼らは高い所を築いて彼を怒らせ、
偶像をもって彼の憤りを惹き起こした。
五九 ヤハウェは聞いて怒りを発し、
イスラエルを全く拒けた。
六〇 彼はシロの住居を棄て、
人の間に張られた天幕を棄てられた。
六一 その砦を分捕られるままにし
光輝ある箱を敵の手に渡した。

六二その民を剣にゆだね、
おのが嗣業に怒りを注いだ。
六三若者たちを火が食いつくし、
処女たちはけがされ
六四祭司たちは剣に倒れ
やもめらは歎くことも出来なかった。
六五主は眠れる者のように目を覚まし
酒によいしれた勇士のように立ち上り、
六六その敵を後に打ちしりぞけ、
永遠の恥を彼らに負わせた。
六七彼はヨセフの幕屋をしりぞけ
エフライムの族を選ばず、
六八ユダの族を選び、
シオンの山を愛された。
六九彼はその聖所を天のように建て、
永遠に築いた地のように建てた。
七〇彼はその僕ダビデを選び、
彼を群の檻から放して

七一 乳をやる母羊のそばから連れ去り、
その民ヤコブを救う者とし、
その嗣業イスラエルを救う者とした。
七二 ダビデは全き心をもって彼らを牧し、
賢い手をもって彼らを導いたのであった。

七八　み栄のために（七九）

一 アサフの歌。
ヤハウェよ、異教の民はあなたの嗣業を侵し、
あなたの聖なる宮居(みやい)を汚し、
エルサレムを廃墟にした。
二 彼らはあなたの僕らの屍を天(そら)の鳥の餌食とし、
聖徒の肉を地の獣に与えた。
三 その血をエルサレムのまわりに
水のように注ぎ、彼らを葬る人すらなかった。
四 われらは隣り人に辱かしめられ、
周りの人々に嘲られ、そしられた。

五 ヤハウェよ、いつまでですか。
あなたの怒りは永久につづき、
あなたの妬みは火のように燃えるのか。
六 憤(いきどお)りをあなたを知らない異教の民に注ぎ、
み名を呼ばない国々の上に注いで下さい。
七 彼らはヤコブを喰(くら)い、
その牧場を荒らしたから。
八 われらの先の日の罪を想い出さず、
憐れみが早くわれらに先立って下さい。
われらは衰えはてているのです。
九 われらの救いの神よ、み名の栄光の故にわれらを助け、
み名の故にわれらを救い、われらの罪を贖って下さい。
一〇 何故異教の民は「彼らの神はどこにいる」と
言いつづけるのか。
流されたあなたの僕らの血の報いを
異教の民の中に眼のあたり、見させて下さい。
一一 捕われ人の歎きをみ前にいたらせ、
み腕の力によって死に定められた者を休ませ、

一二われらの隣り人があなたに加えた辱かしめを
七倍にして彼らの懐に報復して下さい、主よ。
一三しかしわれらはあなたの民、牧の羊、
われらは永遠にあなたに感謝し、
代々あなたのみ栄を語りつげよう。

七九　イスラエルの回復（八〇）

一聖歌隊の指揮者に「あかしのゆり」式に、
アサフの歌。
二イスラエルの牧者よ、耳を傾けて下さい、
ヨセフを牧の羊のように導く者よ、
ケルビムの上に座し、光をはなって下さい。
三エフライム、ベニヤミン、マナセの前に。
み力をふるい起こし、
われらの救いのために来て下さい。
四ヤハウェよ、われらを元に返し
み顔の光を照らして、われらを救って下さい。

五 万軍のヤハウェよ、いつまで怒り給うのか、
あなたの民の祈りにかかわらず。
六 あなたはわれらに涙のパンを喰らわせ、
涙の鉢から飲ませた。
七 われらを隣り人の争いの的(まと)とし
敵はわれらを嘲り笑う。
八 万軍のヤハウェよ、われらを元に返し、
み顔の光を照らして、われらを救って下さい。
九 あなたは葡萄をエジプトから移し植え、
諸国民を追放してそれを植えられた。
一〇 あなたは先住民を追い払い
葡萄の根をよく根づかせ、これを国中にはびこらせた。
一一 山々はその蔭におおわれ、
丈高き杉もそのつるにからまれた。
一二 あなたはその枝をのばして大海に、
その若枝を大河にまでいたらせた。
一三 何故あなたは今垣をこぼち
過ぎ行く者にその実をつませるのか。

一四 森の猪はそれを荒らし、野の獣はそれを食う。
一五 万軍のヤハウェよ、帰り給え。
天より見おろして、よく見て下さい、
この葡萄をかえりみて下さい。
一六 心にかけて下さい、右のみ手の植えられた者を、
御自身のために育てられた子を。
一七 燃えさかる火でこれを焼いた者が
あなたの脅（おびや）かしによって滅びるように。
一八 み手があなたの右に立つ人を守り
御自身のために育てられた人の子の上にあらんことを。
一九 われらはあなたから外（はず）れない、
われらを生かし、み名を呼ばせて下さい。
二〇 万軍のヤハウェよ、われらを元に返し、
み顔の光を照らして、われらを救って下さい。

八〇　従　順（八一）

一 聖歌隊の指揮者に、ギッティト式に、アサフの歌。

二 われらの力なるヤハウェに向かって歌い、
ヤコブの神に向かって喜びの叫びをあげよ。
三 歌をうたい、鼓を鳴らし、
妙なる琴と竪琴をかきならせ。
四 新月と満月、われらの祭りの日に
ラッパをふきならせ。
五 これはイスラエルの定め、
ヤコブの神からのおきてである。
六 彼がエジプトの国から出られた時
それをヨセフの中にあかしとされたのだ。——
わたしの知らない言葉をわたしは聴く。
七 「わたしは彼の肩から重荷をのぞき、
かごはその手から取り去られた。
八 悩みの中から君は叫び、わたしは君を救い、
雷雲の中から君に答えた。
わたしはメリバの水の畔りで君を試みた。
九 わが民よ、聞け、わたしは君に向かって証しする。
イスラエルがわたしに聴くかどうか。

一〇 君の中に異なる神があってはならず、
君は外国（とつくに）の神を拝んではならない。
一一 わたしは君をエジプトの国から導き出した
君の神、ヤㇵウェである。
君の口をひろく開けよ、わたしはそれを満たそう。
一二 しかしわが民はわたしの声に聴かず、
イスラエルはわたしに従わなかった。
一三 それ故わたしはその心の頑なの中に
彼らを放置した、その計画（はかりごと）のように歩むようにと。
一四 どうかわが民がわたしに聴き、
イスラエルがわが道に歩むように。
一五 そうすればわたしは速やかに彼らの敵を滅ぼし
彼らの仇に向かってわが手を向けよう。
一六 ヤㇵウェを憎む者も彼にへつらう。
彼らの時は永遠（とこしえ）につづく。
一七 わたしは彼を小麦の油をもって養い、
岩からの蜜をもって彼を飽きたらせる」。

八一　ヤハウェと神々（八二）

一アサフの歌。
ヤハウェは神の集いのうちに立たれ、
神々の真中で審きを行なわれる。
二「いつまで君たちは不法な審きを行ない、
悪人どもにひいきするのか。
三虐(しいた)げられた者や孤児(みなしご)のために審き、
貧しい者や乏しい者を義とせよ。
四虐げられた者や貧者を救い、
悪人どもの手から解きはなて。
五彼らは知らず、悟らず、
暗きうちをさ迷う。
地のすべての柱はゆれ動く。
六わたしは言った、君たちこそ神々で、
みないと高き者の子らなのだ、と。
七ところが君たちも人のように死に

君侯たちと同じように没落するだろう」。
八ヤハウェよ、立ち上って
地を審いて下さい。
あなたこそすべての国民を支配し給うべきです。

八二　祝福と呪い（八三）

一うた。アサフの歌。
二ヤハウェよ、黙っていないで下さい。
口をつぐみ、黙し給うな、神よ、
三何故なら見よ、あなたの敵は騒ぎ立ち
あなたを憎む者が頭をもたげたから。
四あなたの民に向かって彼らは悪巧みをはかり、
あなたの宝の民に向かって立ちかまえて
五言う、「さあ、彼らを滅ぼして、国民でなくし、
イスラエルの名を想い出す者もないようにしよう」と。
六まことに彼らは心をあわせて計画をめぐらし、
あなたに敵対する契約を結ぼうとする。

七エドムの幕屋とイシマエル人、
　モアブとハガル人、
八ゲバルとアンモンとアマレク、
　ペリシテとツロの住民もともどもに。
九アシリアすら彼らに加わり、
　ロトの子孫の助け手となる。
一〇彼らをシセラのようにして下さい、
　キション川に臨んだヤビンのように。
一一彼らはエン・ハロデでたち滅ぼされ、
　地のための肥料（こやし）にされた。
一二彼らの貴族たちをオレブのようにし
　君侯たちをみなゼエブとザルムナのようにして下さい。
一三彼らは言っている、「われらは
　ヤㇵウェの牧場をおのれのものにしよう」と。
一四わが神よ、彼らをあざみのように
　風の前のもみがらのようにして下さい。
一五森を燃やす火のように
　山をこがす炎のように

一六 あなたの暴風(あらし)で彼らを追跡し、
あなたの大風で彼らを驚かせて下さい。
一七イ 彼らの顔を恥でみたし、
一八 彼らが辱かしめにあい、永遠(とわ)におどされ
恥辱のなかに滅びますように。
一七ロ そうすれば、ヤハウェよ、彼らはみ名を求め
一九 ヤハウェなるみ名を持つあなただけが神で、
全地を支配されるいと高き者なることを知るでしょう。

八三　恩　恵（八四）

一 聖歌隊の指揮者に、ギッティト式に、コラの子の歌。
二 万軍のヤハウェよ、あなたのみ住居は如何に愛すべきかな。
三 わが魂はヤハウェの前庭を慕い
絶え入るばかり、わが心と身とは
生ける神に向かって喜び呼ぼう。
四 あなたの祭壇のそばにすずめも住処(すみか)を見つけ、
つばめもそのひなを入れる巣を見出した、

万軍のヤハウェ、わが王わが神よ。
五 あなたの家に住む人に幸(さち)あれ、
彼らはいつもあなたをほめたたえる。
六 その避け所があなたのもとにある人に幸あれ、
その心には信頼がみちる。
七 彼らはバカの谷を通っても
そこを泉ある所とし、
前の雨は祝福をもってそこをおおう。
八 彼らは力より力へと進み、
シオンにおいて神にまみえる。
九 万軍のヤハウェよ、わが祈りをきき給え、
ヤコブの神よ、耳を傾け給え。
一〇 神よ、われらの盾をかえりみ、
あなたのメシヤの顔をみ給え。
一一 あなたの前庭にある一日は千日にまさる。
わたしは富の幕屋に住むよりはむしろ
わが神の家の入口に座したい。
一二 げにヤハウェは日また盾、

彼は恵みと栄を与え給う。
ヤハウェは全く歩む者に
よきものを拒み給わない。
一三 万軍のヤハウェよ、
あなたに依り頼む人に幸あれ。

八四　転　換（八五）

一 聖歌隊の指揮者に、コラの子の歌。
二 ヤハウェよ、あなたはあなたの国をかえりみ、
ヤコブの運命は変えられた。
三 あなたは民の罪をゆるし、
彼らのすべての咎をおおわれた。
四 あなたはすべての怒りを去らせ、
烈しい憤(いきどお)りを静められた。
五 われらに帰り給え、われらの救いの神よ。
われらにかかわるみ怒りをやめ給え、
六 あなたはとこしえにわれらを怒り、

いく代もその憤りを続け給うのか。
七ふたたびわれらを生かし給わぬのか、
そのときあなたの民はあなたにあって喜ぶであろう。
八ヤハウェよ、われらにあなたの恵みを示し、
あなたの救いをわれらに与え給え。
九わたしはヤハウェの語り給うことを聴こう。
げに彼はその民、彼につく者に安きを告げ給う。
彼らは望なき者の如くであってはならない。
一〇まことにその救いは彼を畏れる者に近く、
その栄光はわれらの国に宿ろうとされる。
一一恵みと真実（まこと）は出合い
義と安きは口づけし、
一二真実は地より生え
義は天から臨む。
一三ヤハウェはすみやかに良きものを給い
われらの地はその産物を出すであろう。
一四義はそのみ前に行き、
安きはその歩み給う道を行く。

八五　貧しき者（八六）

一 ダビデの祈り、
ヤハウェよ、耳を傾け、わたしに答え給え。
げにわたしは乏しく、貧しい。
二 わが魂をまもり給え。
わたしは神につく者です。
あなたに信頼する僕を助け、
三 主よ、わたしをあわれみ給え、
わたしは終日あなたを呼んでいるのです。
四 あなたの僕の魂を喜ばせ給え、
主よ、わたしはわが魂をあなたに向かってもたげるのです。
五 げに主よ、あなたは恵み深く、ゆるしに富み、
総てあなたを呼ぶ者をゆたかにあわれみ給う。
六 ヤハウェよ、わが祈りに耳をかし、
わが歎きの声にきき給え。
七 わが悩みの日に、わたしはあなたを呼ぶ、

げにあなたはわたしに答え給う。
八 神々の中に、主よ、あなたの如き神はなく、
あなたのなさったみ業にしくものはない。
九 すべての異国の民はあなたのもとに来り、
主よ、あなたのみ前に平伏し、み名をたたえる。
一〇 げにあなたは大いにして、奇しき業をなし給う。
あなたのみ、神にいます。
一一 ヤハウェよ、あなたの道をわたしに教え給え。
わたしはあなたの真実（まこと）に歩む。
心を一つにして、み名を畏れさせ給え。
一二 わが神よ、わたしは心をつくしてあなたをほめ、
とこしえにみ名をあがめまつるでしょう。
一三 げにあなたの恵みはわが上に大きく、
あなたは下なる陰府からわが魂を救い給う。
一四 神よ、高ぶる者はわたしに向かって立ち上り、
荒ぶる者の群はわたしの生命（いのち）をねらい、
あなたはその眼中にない。
一五 主よ、あなたはあわれみと恵みに満ち、

怒ることおそく、いつくしみと真実に富み給う。
一六 わたしにみ顔を向け、わたしをあわれみ給え。
み力をあなたの僕に与え、あなたに忠実な子を助け給え。
一七 恵みの徴（しるし）をわたしに行ない給え。
わたしを憎む者はそれを見て、恥じるであろう。
ヤハウェよ、わたしを助け、慰める者はあなただからです。

八六　シオンへの集中（八七）

一 コラの子の歌。うた。
聖なる山の上に建てられた町よ、
二 ヤコブのすべての住居にまさって
ヤハウェは君を愛される、おお、シオンの門よ。
三 神の都よ、ヤハウェは君の中で
尊きことどもを語られる。
六 ヤハウェはもろもろの民を登録され、
「この者はかしこで生れた」と記帳される。
四 わたしはラハブとバベルを

わたしを知るもののうちに数え、
ペリシテ、ツロ、またエチオピヤについても
「この者はかしこで生れた」と記される者がいる。
五 しかしシオンについては言われる、
「この者もかの者もその中で生れた」と。
いと高き者ご自身がこれを固くされるのである。
七 歌う者も踊る者もともに言う、
「わがすべての泉はあなたの中にある」と。

八七　死の国に近く（八八）

一 うた。コラの子の歌。マハラテ式に、聖歌隊の指揮者に、エズラ人ヘマンのマスキールの歌。
二 ヤハウェ、わが救いの神よ、
わたしは昼に叫び、
夜もあなたの前にある。
三 わが祈りをあなたにとどかせ、
耳を歎きの声に傾け給え。
四 まことにわが魂は苦渋に満たされ、

わが生命は陰府（よみ）に近づいた。
五 わたしは墓に下る者のうちに数えられ、
無力にされた人のようになった。
六 わが魂は死者の間にあり、
墓に横たわる切り殺された者のよう。
あなたはもはや彼らを心にとめず、
彼らはみ手によって滅ぼされた。
七 あなたはわたしを深い穴の底、
暗闇（くらやみ）のうち、底深い淵におかれた。
八 あなたの怒りはわが上に重く、
あなたはすべての大波でわたしを苦しめた。
九 あなたはわが親しき友をわたしから遠ざけ
わたしを彼らの忌（い）み嫌う者とされ
わたしは閉じこめられて、外に出られない。
一〇 わが眼は悩みのために衰える。
ヤハウェよ、わたしは終日あなたに叫び
あなたに向かってわが手をひろげた。
一一 あなたは死者のために奇蹟をなし給うや、

亡霊は起き上って、あなたをほめたたえようか。
一二 あなたの恵みは墓の中で語られ
あなたの真実(まこと)は奈落の底で語られようか。
一三 あなたの奇蹟は暗き所で知られ
あなたの義は忘れの国で知られようか。
一四 しかしわたしは、ヤハウェよ、あなたによばわり、
わが祈りは朝(あした)にあなたのもとにいたる。
一五 ヤハウェよ、なぜわが魂をうち棄て、
み顔をわたしから隠し給うか。
一六 わたしは悩みにみち
若い時から死ぬばかりに苦しんだ。
あなたの恐れを身に負い
滅ぼされんばかりである。
一七 あなたの怒りはわが上を過ぎ、
あなたの脅(おびや)かしはわたしをたち滅ぼす。
一八 それらは終日大水のようにわたしを囲み、
ぐるりとわたしをとりかこむ。
一九 あなたは愛する友をわたしから遠ざけ、

わたしの親しき友は――暗闇のみ。

八八　ダビデ王国の選びと破棄（八九）

一 エズラ人エタンのマスキールの歌。
二 ヤハウェの恵みの業をいつまでもわたしは歌おう。
あなたの真実(まこと)を代々にわが口で告げ知らせよう。
三 げにわたしは思った、恵みは永遠(とわ)にたてられ、
天にあなたの真実がかたく立つ、と。
四 わたしは選んだ者と契約を結び、
わが僕ダビデに対して誓いをたてた。
五 わたしは永久に君の裔(すえ)を立て
君の位(くらい)を代々建てる、と。
六 ヤハウェよ、天はあなたの妙(たえ)なる業をほめ、
聖なる者の群もあなたの真実をほめる。
七 げに誰か雲間にあってヤハウェに等しき者があろう、
神々の子らのうち誰かヤハウェにしく者があろう。
八 聖なる者の集いでいと恐るべき神、

その周りのすべての者に畏(かしこ)れられるお方。
九ヤハウェ、万軍の神よ、誰かあなたのように強かろう。
ヤハよ、あなたの真実もあなたの周りにある。
一〇あなたは海の高ぶりを治め、
波が騒ぐ時、それを静められる。
一一ラハブを砕いて、切り殺された者のようにし、
力強い腕をもってあなたの敵を散らす。
一二天はあなたのもの、地もあなたのもの、
世界とそれに満ちるものはあなたが築かれた。
一三北と南はあなたがこれを創造し、
タボルとヘルモンはあなたのみ名をたたえる。
一四あなたのみ腕には力あり、
み手は強く、右のみ手は高く上げられる。
一五義と公平はみ位(くら)の支え、恵みと真(まこと)はみ前に先だつ。
一六あなたを迎える喜びの叫びを知る民に幸あれ、
彼らは、ヤハウェよ、み顔の光に歩む。
一七ひねもすあなたのみ名を喜び、
あなたの義に高められる。

一八 げにあなたは彼らの栄えある力、
あなたのいつくしみはわれらの角を高くする。
一九 われらの盾はヤハウェのもの、
われらの王はイスラエルの聖者のもの。
二〇 その時あなたは幻の中にあなたの聖徒に語り、
わたしは助けを一人の勇者にさずけ、
民の中から一人の若者を選んだ、と言われた。
二一 わが僕、ダビデを見つけ出し
わが聖なる油を彼に注いだ、と。
二二 わが手は強く彼にともない、わが腕も強く彼を支える。
二三 敵は彼を襲わず、不法の人は彼をおさえない。
二四 わたしは彼の前から仇を追いはらい、
彼を憎む者をわたしは撃つ。
二五 わが真実と恵みは彼とともにあり、
彼の角はわが名の故に高くされる。
二六 わたしは彼の手を海の上におき、
その右の手を流れの上におく。
二七 彼はわたしに向かって、あなたはわが父、わが神、わが救いの岩、と言う。
二八 わたしも彼を長子とし、地の王たちのいと高き者とする。
二九 わたしは永遠(とこしえ)に彼にわが恵みをほどこし、
わが契約は彼に向かって変らない。
三〇 わたしはその裔をいつまでも支え、
その位を天の日数とひとしくする。
三一 その子らがわが律法を棄て、わが誡命(いましめ)に歩まず、
三二 わが掟をけがし、わが命令にそむくときは、
三三 わたしは杖をもって彼らの咎を罰し、
こらしめをもって彼らの罪を罰する。
三四 しかしわが恵みを彼から取り去らず、
わが真実を偽りに変えない。
三五 わが契約をけがさず、
わが口の言葉を変えない。
三六 一つのことをわが聖さにかけて誓った、
ダビデを決して欺くことをしない、と。
三七 彼の裔は永遠につづき、
その位はわが前に天日にひとしい。

三八 月のように永遠にかたく、
雲の中の証人（あかし）のように変らない。
三九 ところがあなたはあなたのメシヤを
うち棄て、拒み、烈しく怒られた。
四〇 あなたの僕の契約をしりぞけ、
その王冠を泥土（でいど）にゆだねられた。
四一 そのすべての垣をこぼち、
その砦を廃墟とされた。
四二 通りすぎる者はみな彼を掠め、
彼はその隣りに嘲られた。
四三 あなたはその仇の右手を高くし、
そのすべての敵を喜ばせた。
四四 あなたはその刃（やいば）の向きをかえ、
戦いの中に彼を立たせなかった。
四五 あなたは彼の栄光を取り去り、
その位を地になげすてた。
四六 その若き時の日数を短くし、
恥をもって彼を蔽われた。

四七 ヤハウェよ、いつまでつづけてみ顔をかくし、
あなたの怒りは火のように燃えつづけるのか。
四八 わたしの日数のいくばくなるかをかえりみ給え、
あなたはすべての人の子を空しき者に創られた！
四九 生きて、死を見ぬ人があるだろうか、
陰府の手からその身を救い得る者が。
五〇 主よ、あなたが真実をもってダビデに誓った
さきの日のあなたの恵みはどこにいったのか。
五一 主よ、あなたの僕らの辱かしめをかえりみ給え、
わたしは総ての民のそしりをふところにいだいている。
五二 ヤハウェよ、あなたの敵はののしり、
あなたのメシヤの足跡をそしるのです。
五三 ヤハウェは永遠にほむべきかな、アーメン・アーメン。

八九　永遠の神（九〇）

一 神の人、モーセの祈り。

主よ、あなたは代々われらの支えであられた。
二 山いまだ生れず、地と世界が生み出される前に
永遠(とこしえ)から永遠まであなたは神にいます。
三 あなたは人を塵に帰らせて、
言われる、「人の子よ、帰れ」と。
四 まことにあなたの眼には千年も過ぎ去った
昨日(きのう)の一日(ひとひ)、夜番(よばん)の一時(ひととき)にひとしい。
五 あなたは彼らを大水のように過ぎ去らせる。
彼らは朝の眠り、移ろう草にひとしい。
六 朝花を咲かせても、移ろいやすく、
夕にはしおれて、枯れはてる。
七 げにわれらはあなたの怒りによって消え失せ、
あなたの憤(いきどお)りによって脅かされる。
八 あなたはわれらの罪をみ前におき、
われらの隠れた罪をみ顔の光の中におかれた。
九 まことにわれらの日はあなたの憤りの中に消え、
われらの年は溜め息のように消えはてる。
一〇 それ故われらの齢(よわい)は七十歳(ななそじ)長くて八十歳(やそじ)に達しても

その誇るところはただ労苦と空しさ、
楽しみはげにつかの間で
われらもまた飛び去る。
一一 誰かあなたの怒りの力を知ろう、
誰かあなたの憤りの重さを悟ろう。
一二 われらの日数を正しく数えることを教え、
智慧の心を得させ給え。
一三 ヤハウェよ、帰り給え、ああ、何時まで。
あなたの僕（しもべ）らに憐れみをかけ給え。
一四 朝にあなたの恵みをもって飽きたらせ、
この世を終るまで喜び楽しませ給え。
一五 あなたがわれらを苦しめ給うた日々、
われらが不幸にあった年月に比べて、われらを楽しませ給え。
一六 み業をあなたの僕にあらわし、
栄光をその子らに示し給え。
一七 主なるわれらの神のいつくしみをわれらに与え、
われらの手の工（わざ）をわれらの上にならせ給え。
われらの手の工をならせ給え。

九〇　守られる者（九一）

一いと高き者の守りの中にある者、
全能者の陰にかくれる者、
二その者はヤハウェに向かって言え、
「わが避け所、わが城、わがより頼むわが神よ」と。
三まことに彼は君を鳥捕りのわなと
滅びの穴から救い出される。
四彼はその羽で君をおおい、
君はその翼のもとに避け所をうる。
彼の真実（まこと）こそ盾また小盾。
五君は夜脅かすものの前にも
昼飛びくる矢にも
六暗闇にとびまわる疫病にも
真昼に荒らす烈しい病にも恐れることはない。
七千人は君のわきにたおれ、
万人は君の右わきにたおれる。

しかしそれは君にはとどかない。
八 君はただ君の眼でしかと見るであろう。
悪者が報いを受けるのを認めるであろう。
九 君には、ヤハウェが君の避け所であり、
君はいと高き者を君の支えとしたのだから
一〇 災禍は君に出あうことはなく、
悩みは君の幕屋に近づかない。
一一 まことに彼はその使いたちに命じて、
君のすべての道で君を守らせる。
一二 彼らはその掌（たなごころ）に君をのせて
君の足が石にぶつからないようにする。
一三 君は獅子と毒蛇をふみつけ、
若獅子と大蛇をふみにじる。
一四 彼はわたしに心を寄せる故に、わたしは彼を救う。
わが名を知る故に、わたしは彼を守る。
一五 彼がわたしを呼ぶとき、わたしは彼に答え、
苦難のときに彼とともにあり、
彼を助けてこれを栄えさせる。

一六 わたしは彼を長寿をもって飽きたらせ、
わが救いを彼に示そう。

九一　神の正しさ（九二）

一 歌、安息日のためのうた。
二 よいかな、ヤハウェをほめ、
いと高（たか）き者のみ名を歌い、
三 朝（あした）にそのいつくしみを、
夜な夜なその真実（まこと）をつげしらせ、
四 十絃の琴と竪琴と
琵琶の妙なる音を用いるのは。
五 まことにあなたはその働きをもってわたしを喜ばせ、
わたしはあなたのみ手の業をたたえる。
六 ヤハウェよ、あなたのみ業はいかに大きく、
あなたのみ思いはいとも深いかな。
七 愚か者はそれを知らず、
痴（し）れ者はそれを悟らない。

八悪しき者は青草のようにのび、
悪を行なう者はみな花を咲かせても、
　永久の滅びに定められている。
九しかしあなたは永遠（とこしえ）に高きにいます。
一〇まことに、ヤハウェよ、見よ、あなたの敵は、
まことに、見よ、あなたの敵は滅び、
すべての悪を行なう者は散らされる。
一一しかしあなたはわが角を野牛のように高くし、
したたる油をわたしに注がれた。
一二わが眼はわたしに敵する者を見、
耳はわたしにさからう悪しき者についてきいた。
一三義しき者はなつめやしのようにのび、
　レバノンの香柏のように栄える。
一四彼らはヤハウェの家に植えられ、
　われらの神の前庭に育つ。
一五年老いてもなお実を結び
　みどりしたたるばかり、
一六ヤハウェの正しきことをつげしらせ

わが岩には不義なしと言う。

九二　王なる神（九三）

一 ヤㇵウェは王となられた。
彼は威厳を身にまとい、
ヤㇵウェは力を帯としてまとわれた。
世界もかたく立って
ゆるぐことはない。
二 あなたの御位(みくら)はいにしえよりかたく立つ、
あなたはとこしえに神にいます。
三 ヤㇵウェよ、大水は騒ぎ立ち、
大水はその声を上げた。
大水はその波を上げる。
四 あふれる大水の騒ぎの上に、
海の大波の威力の上に、
高くいますヤㇵウェは栄光に輝く。
五 あなたの証言(あかし)はいともかたい。

ヤハウェよ、聖さはあなたの家に
とこしえにふさわしい。

九三　神との親しさ（九四）

一 仇を返される神、ヤハウェよ、
仇を返される神よ、光を放ち給え。
二 地を裁かれる者よ、立ち上って
高ぶる者に報いて下さい。
三 何時まで悪しき者たちは、ヤハウェよ、
何時まで悪しき者たちは満ち足りて
四 たわごとをくり返し、厚かましい言葉をはくのか、
悪を行なう者はみな大言壮語する。
五 彼らは、ヤハウェよ、あなたの民を打ち砕き
あなたの嗣業をいやしめる。
六 やもめと寓れる者とを殺し
みなしごの生命を奪う。
七 彼らは言う、ヤハは見ず、

ヤコブの神は悟らない、と。
八民の中の鈍き者たちよ、悟れ、
痴(し)れ者たちよ、何時君たちは知るのか。
九耳を植えた者が聞かないというのか、
眼を造った者が見ないというのか。
一〇諸国の民をこらす者が罰しないというのか。
人を教える者が知らないわけがない。
一一ヤハウェは人の想いを知り、
人がいきにひとしいことを知られる。
一二ヤハにこらされる者に幸あれ、
あなたの律法に教えられる者に。
一三災いの日にも安きを与えられ、
ついに悪しき者のためには滅びの穴が掘られる。
一四ヤハウェはその民をしりぞけず、
その嗣業を棄てないからである。
一五まことに正義は義しい者に帰し、
心直き者みなにも同じ。
一六誰がわたしのために悪者に立ち向かうだろう。

誰がわたしのために悪を行なう者に逆らうだろう。
一七 ヤハウェがわたしを助け給わなかったら
わが魂はつとに沈黙（しじま）の国に住んだであろう。
一八 しかし「わが足すべりぬ」と言った時
ヤハウェよ、あなたの愛はわたしを支えた。
一九 わが中に思いわずらいが満ちる時
あなたの慰めがわが魂を喜ばせる。
二〇 定めに反して不法を行なう権力の座にある者は
あなたに親しむことが出来ようか。
二一 彼らは義しい者の生命をうかがい、
不当にも罪なき者の血を流す。
二二 ヤハウェはしかしわがやぐら、
わが神はわが避け所の岩となった。
二三 彼は彼らにその不義を報い、
その悪の故に彼らをたち滅ぼす、
われらの神ヤハウェは彼らをたち滅ぼす。

九四　心迷える民（九五）

一 いざ、われらヤハウェに向かって歌い、
われらの救いの岩に向かって声を上げよう。
二 感謝をもってみ顔の前に進み、
多くの歌をもって彼に向かい声を上げよう。
三 まことにヤハウェは大いなる神、
すべての神々にまさる大いなる王。
四 地の深きところはそのみ手の中
山々の高みも彼のもの。
五 海もまた彼のもの、彼これをつくり、
乾いたところもそのみ手のわざ。
六 来って、われら平伏(ひれふ)し拝み、
われらの造り主、ヤハウェの前に跪(ひざまず)こう。
七 まことに彼こそわれらの神、
われらはその民、その牧の羊。
今日君たちがみ声に聞き従うように！

八荒野なるメリバやマッサの日のように
君たちの心を頑なにしないように。
九そこで君たちの先祖はわが働きを見ながら、
わたしを試み、わたしを験した。
一〇四十年の間わたしはこの世代を嫌い、
「彼らは心迷える民、わが道を知らざる者」と言い、
一一怒って「彼らはわが休みに入るべからず」と誓った。

九五　新しい歌（九六）

一ヤハウェに向かって新しい歌を歌え、
全地よ、ヤハウェに向かって歌え。
二ヤハウェに向かって歌い、み名をほめよ、
日毎にその救いをのべ伝えよ。
三諸国の間にその栄光を、
諸国民の間にその妙なる業を語れ。
四まことにヤハウェは大いにして、いとほめらるべく
すべての神々の上に恐るべきもの。

五 まことに諸国民のすべての神々は空しく
ヤハウェこそ諸天を造られた。
六 尊きと栄とはそのみ前にあり
力と輝きとはその聖所にある。
七 諸国の民の族(やから)よ、ヤハウェに帰せよ、
栄光と力とをヤハウェに帰せよ。
八 み名の栄光をヤハウェに帰し、
捧物をたずさえてその前庭に入れ。
九 聖き顕現の故にヤハウェを拝め、
全地よ、そのみ前におののけ。
一〇 諸国の間に言え、ヤハウェは王となられた、
世界もかたく立って、ゆるぐことはない、
彼は公平をもって諸国民を審かれる、と。
一一 天よ、喜べ、地よ、よろこび呼ばわれ。
海とそれに満つるものはなりどよめけ。
一二 野とその中にあるものはみな喜びおどれ、
すべての林の樹々も歓呼せよ、
一三 来り給うヤハウェの前に。

げに彼は地を審かんとて来り給う。
義をもって世界を審き、
真実をもって諸国民を審き給う。

九六 喜び (九七)

一 ヤハウェは王となられた。
地よ、よろこび呼ばわれ、
多くの島々も喜べよ。
二 雲と暗闇はその周りにあり、
義と公平はその御位の基い。
三 火はそのみ前に行き、
その周りの敵どもを焼きつくす。
四 その稲妻は世界を照らし、
地はそれを見て震えた。
五 山々はヤハウェの前に、全地の主の前に
ろうのようにとけた。
六 天はその義をあらわし、

すべての国民（くにたみ）はその栄光を見た。
七すべて偶像を拝む者
空しい像に誇る者は恥じる。
すべての神々は彼の前に跪（ひざまず）く。
八シオンは聞いて喜び、
ユダの娘たちは、ヤハウェよ、
あなたの審きの故に喜び呼ばわる。
九まことにヤハウェよ、あなたは
全地の上にいと高く、
すべての神々の上に高く上げられる。
一〇ヤハウェを愛する者よ、悪を憎め、
彼はその聖徒の生命を守り、
悪しき者の手から彼らを救う。
一一光は義しき者のために蒔かれ、
喜びは心直き者のために蒔かれる。
一二義しき者よ、ヤハウェにあって喜べ、
その聖きみ名に感謝せよ。

九七　来り給う神（九八）

一 歌。
ヤハウェに向かって新しい歌を歌え。
まことに彼は多くの不思議を行なわれた。
その右の手が勝利をもたらし
その腕が彼をきわだたせた。
二 ヤハウェはその救いを知らしめ
多くの民の前にその義を現わされた。
三 彼はイスラエルの家に向かって
その恵みと真実（まこと）を忘れ給わなかった。
地のすべての果てまでも
われらの神の救いを見た。
四 全地よ、ヤハウェに向かって声をあげ
歓呼して、喜びかつ歌え。
五 ヤハウェを琵琶をもってたたえ、
琵琶にあわせて大声に歌え。

六ラッパと角笛の音にあわせて
王ヤハウェの前に声をあげよ。
七海とその中に満つるものはどよめき
世界とその中に住む者はなりどよめけ。
八多くの川は手をうちならし
山々もともに喜べ、
九地を審かんとて
来り給うヤハウェの前に。
彼は義をもって世界を審き
公平をもって諸国民を審き給う。

九八　聖き神（九九）

一ヤハウェは王となられた、多くの民はおののく。
彼はケルビムの上に坐った、地はゆるぐ。
二シオンなるヤハウェは大いにして
すべての民の上に高くいます。
三大いなる畏るべきみ名をほめよ。

彼こそは聖くいます。
四 強き王、公正を愛し給う者よ、
あなたは公平をかたく立て、
ヤコブの中に公正と義を行なわれた。
五 われらの神ヤハウェをあがめ、
その足台のもとにひれふせ。
彼こそは聖くいます。
六 モーセとアロンはその祭司のうちに
サムエルはその み名を呼ぶ者のうちにある。
彼らヤハウェに呼ばわれば
ヤハウェは彼らに答え給う。
七 雲の柱のうちに彼らに語り
彼らは与えられた証言(あかし)と掟を守った。
八 われらの神ヤハウェよ、あなたは彼らに答えられた。
あなたは彼らに赦しを給う神となったが
その業に報いる者ともなられた。
九 われらの神ヤハウェをあがめ
その聖なる山のもとにひれふせ、

まことにわれらの神ヤハウェは聖くいます。

九九　喜びの歌（一〇〇）

一 感謝のための歌。
全地よ、ヤハウェに向かって歓呼の声をあげよ。
二 喜びをもってヤハウェに仕え、
歌いつつそのみ前にきたれ。
三 知れ、ヤハウェこそ神にいますを。
彼はわれらを造り
われらはそのもの、その民、その牧の羊。
四 感謝をもってその門に入り
讃美しつつその前庭に入れ。
感謝してそのみ名をたたえよ。
五 まことにヤハウェは恵み深く
そのいつくしみは永遠に
その真実(まこと)はよろずの代におよぶ。

一〇 王の歌（一〇一）

一ダビデによる、歌。
いつくしみと公義をわたしは歌おう、
ヤハウェよ、あなたに向かって歌うたおう。
二わたしは全き道に心を向けよう。
いつあなたはわがもとに来り給うか。
わたしは全き心をもって
わが家のうちを歩もう。
三わたしは空しいものを眼の前におかず、
神像作りをわたしは憎み、
それはわたしに付きまとうことはない。
四曲れる心はわたしから遠く、
悪をわたしは知るまい。
五隣人をひそかに中傷する者は
わたしがこれを滅ぼす。
高ぶったまなざしと高慢な心に

わたしは耐えられぬ。
六 わが眼はこの国の真実(まこと)ある者に注がれ
彼らをわたしとともに住ませる。
全き道に歩む者
その者はわたしに仕える。
七 わが家の中には虚偽を行なう者は
住むことが許されず、
虚言をはく者は
わが眼の前に立つことは出来ぬ。
八 朝ごとにわたしはこの国の悪しき者を
ことごとく滅ぼし、
すべて悪を行なう者をみな
ヤハウェの町からたち滅ぼす。

一〇一　歎きと希望（一〇二）

一 悩める者が絶望して、その歎きを神の前に注ぎ出したときの祈り。
二 ヤハウェよ、わが祈りを聞き給え、

わが叫びがみもとにとどきますように。
三 わたしが苦しんでいるときに
わたしからみ顔をかくし給うな。
呼び求めるときに
耳をわたしに傾け、速やかに答え給え。
四 わが日は煙のように消え、
骨は火のように燃えている。
五 わが心は草のように打たれてひからびた、
パンを食べるのを忘れたから。
六 わがうめきの叫びのために
わが骨は肉にかたくついた。
七 わたしは荒野のからすのようで、
廃墟にいるふくろうに等しい。
八 眠ることが出来ず、
屋根に独りいる鳥のようなもの。
九 わが敵はひねもすわたしを嘲り(あざけり)
馬鹿にする者はわが名にかけて呪っている。
一〇 わたしは灰をパンのように喰い

わが飲物に涙をまぜた、
一〇 あなたの烈しい怒りの前に。
あなたはわたしをもたげ、投げすてられた。
一一 わが日は夕影のようになり、
わたしは草のようにひからびた。
一二 しかしあなたは、ヤハウェよ、永遠(とこしえ)にながらえ
み名は代々(よよ)忘れられない。
一三 あなたは立ってシオンをあわれまれる、
まことにシオンに恵みを施す時が来た。
〔その時期が来たから〕
一四 あなたの僕らはシオンの石をも喜び、
その塵をさえいとおしむ。
一五 諸国の民はヤハウェのみ名を恐れ、
地のすべての王はあなたの栄光を恐れる。
一六 まことにヤハウェはシオンを建て
その栄光のうちに現われ給う。
一七 彼は棄てられた者の祈りを顧み
彼らの祈りを軽しめ給わない。

一九 後の代のためにこれを記そう、
新しく創られた民はヤハウェをほめるだろう。
二〇 彼はその聖なる高みから見下し、
天から地を見給う。
二一 囚われ人の歎きをきき
死にわたされた者を解きはなす。
二二 ヤハウェのみ名をシオンで語り
その誉れをエルサレムで語るため、
二三 諸国の民がともに集り
諸王国がヤハウェに仕えようと集るときに。
二四 彼はわが力を中途で衰えさせ
わが日を短くされた。
二五 わたしは言った、わが神よ、
わが生涯の半ばでわたしを取り去り給うな、
あなたの年は幾代もつづくのに。
二六 あなたは昔地の基いをおかれた、
天はあなたのみ手のわざ、
二七 これらは滅びてもあなたはたちとどまる。

これらはみな衣（ころも）のようにふるびる。
あなたはそれを着物のように変え、
それらは変るが　二八あなたは同じ。
あなたの年はつきることがない。
二九あなたの僕らの子孫は生きつづけ、
彼らの裔はみ前にかたく立つであろう。

一〇二　いつくしみの神（一〇三）

一ダビデの歌。
わが魂よ、ヤハウェをほめたたえよ、
わが中なるすべてよ、聖きみ名をほめたたえよ。
二わが魂よ、ヤハウェをほめたたえよ、
その総ての恵みのわざを忘れるな。
三彼は君のすべての咎を赦し
すべての傷痍（きず）を医し、
四君の生命を滅びの穴から救い出し、
いつくしみと憐れみをもって君に冠（かむ）らせ

五 君の求めに応じ良きもので飽かせられる。
君は若がえって鷲のように新しくなる。
六 ヤハウェは救いのわざを働かせ、
すべての虐げられた者の権利を回復される。
七 おのれの道をモーセに知らせ、
みわざをイスラエルの子らに知らせた。
八 ヤハウェは憐れみと恵みに富み、
怒ること遅くいつくしみ深い。
九 いつまでも争わず
永遠に怒りを保つことがない。
一〇 われらの罪に従ってわれらをあしらわず、
われらの咎に応じて報いたまわない。
一一 まことに天が地よりも高いように
彼のいつくしみは彼を畏れる者の上に高い。
一二 東が西からへだたっているように
彼はわれらからわれらの罪過を遠ざけた。
一三 父がその子らを憐れむように
ヤハウェは彼を畏れる者を憐れまれる。

一四 彼はわれらの造られた様を知り、
われらの塵なることを忘れ給わない。
一五 人の齢(よわい)は草のようで
その花咲く時も野の花にひとしい。
一六 げにその上を風が過ぎれば跡かたもなく
どこに咲いたかももう分からない。
一七 しかしヤハウェのいつくしみは永遠に彼を畏れる者に伴ない
その義は子らの子らにおよぶ、
一八 その契約を守り、その誡命(いましめ)を行なおうと
心にとめる人のために。
一九 ヤハウェは天にそのみ位(くら)を立て
その支配はすべてのものにゆきわたる。
二〇 ヤハウェをほめたたえよ、その使いたちよ、
そのみ言を行なう強き勇者よ、
〔そのみ言の声を聞くために〕
二一 ヤハウェをほめたたえよ、その兵(つわもの)たちよ、
そのみ心を行なう彼の仕え人よ、
二二 ヤハウェをほめたたえよ、彼の造ったすべてのものよ、

その政（まつりごと）のすべてのところで。
わが魂よ、ヤハウェをほめたたえよ。

一〇三　創り主なる神（一〇四）

一 わが魂よ、ヤハウェをほめよ。
わが神ヤハウェよ、あなたはいとも大いなる者、
栄と威厳を身にまとわれた。
二 光を上衣のように身につけ
天を天幕のようにはりめぐらした。
三 水の中にその高殿の梁（うつばり）をおき
雲を車とし、風の翼にのって飛びかけり、
四 四方（よも）の風を使いとし、火と炎（ほむら）はその仕え人。
五 彼は地をその基いの上にすえた、
地は永遠（とこしえ）にゆるぐことがない。
六 淵は着物のように地をおおい、
山々の上に水があった。
七 あなたが叱咤すると水は逃げさり、
あなたの雷（いかずち）の声によっておいはらわれた。

八 水は山々に上り、谷に降り、
あなたが定めたその所に落ちついた。
九 あなたは境をもうけて水が越えないようにし
ふたたび地をおおうことのないようにした。
一〇 谷間に泉を湧き出させ、山々の間を水は流れる。
一一 水はすべての野の獣をうるおし、
野ろばもその渇をいやす。
一二 その上に天（そら）の鳥が住み
小枝の間でさえずる。
一三 彼はその高殿から山々に水を注ぎ
天からの賜物によって地は飽き足りる。
一四 彼は家畜のための草と、
人の耕作のための青物を茂らせ
パンを地から生えさせる。
一五 酒は人の心を喜ばせ、
顔は油によってつややかになり
パンは人の心の支えとなる。
一六 ヤハウェの木々とその植えた

レバノンの香柏は飽き足り
一七 小鳥はそこに巣をつくり、
こうのとりはその頂きに宿る。
一八 高い山々は野山羊のため、
岩山は岩だぬきの隠れ場。
一九 彼は時を定めるために月をつくり、
日はその沈む時を知る。
二〇 あなたが闇をおくと夜となり
森の獣たちがみなはいまわる。
二一 若獅子は獲物を求めてほえ、
神からその食い物を求める。
二二 日が昇ると彼らは退き、
その洞穴に伏してやすむ。
二三 人々が出てきて仕事につき
その勤労は夕にいたる。
二四 ヤハウェよ、あなたのみわざはいかに多(さわ)なる。
すべてをあなたは智慧をもって作られた。
地はあなたの造ったもので満ちている。

二五海をも支配する者よ、海は大いにして広く
そこには無数の動くもの、
大小の生き物が満ちている。
二六そこに舟が行きかい、
あなたが遊び道具につくられたレビヤタンがいる。
二七みなあなたが彼らに食物を
時に及んで与えられるのを待つ。
二八あなたがお与えになると彼らは集め、
み手を開かれると良きものに飽き足りる。
二九み顔を隠されると彼らはおじまどい
あなたが彼らの息を取り去られると
彼らは死んで塵にかえる。
三〇あなたの霊を送られると彼らは創造される。
こうしてあなたは地の面を新たにされる。
三一ヤハウェの栄光は永遠なれ、
ヤハウェはそのみわざを悦ばれよ。
三二彼地をみたまえば地は震え、
山はふれられて煙を出す。

三三 わたしは生きる限りヤㇵウェに向かって歌い、
生きながらえる間わが神をほめ歌う。
三四 わが歌がみ心にかなうように。
わたしがヤㇵウェにあって喜びうるように。
三五 罪人は地からたち滅ぼされ、
悪しき者はいなくなるように。
わが魂よ、ヤㇵウェをほめよ、
ハレルヤ！

一〇四　神の契約（一〇五）

一 ヤㇵウェに感謝し、そのみ名を告げしらせ
諸国民の間にそのみわざを知らせよ。
二 彼に向かって歌い、彼に向かって楽器をかなで、
そのすべての妙なるみわざをうたえ。
三 その聖なるみ名をほこれ、
ヤㇵウェを求める者の心は喜べよ。
四 ヤㇵウェとそのみ力を尋ね、

み顔をたえず求めよ。
五 その行なわれた妙なるみわざとしるしと
み口のさばきを想い起こせ、
六 君たち、彼の僕アブラハムの裔、
彼に選ばれたヤコブの子孫よ。
七 彼ヤハウェはわれらの神、
そのさばきは全地に及ぶ。
八 彼は永遠にその契約を忘れず、
よろず代におよぶみ言(ことば)を語られた。
九 これアブラハムと結ばれた契約、
イサクへの彼の誓いの言。
一〇 彼はそれをヤコブのために法(のり)として立て
イスラエルのために永遠の契約とした、
一一 「わたしは君にカナンの地を与える、
君たちのために測られた嗣業の地として」と。
一二 彼らがまだその数わずかで
小人数でそこに宿り
一三 民から民へとさ迷い

一つの国から他の民へとさすらった時も
一四 彼は人が彼らを圧制するのを許さず、
彼らのために王たちを警めていわれた、
一五「わが油注がれし者にさわるな、
わが預言者に害を加えるな」と。
一六 彼がその地に飢饉を招き、
すべてのパンの杖をこぼたれた時
一七 彼は彼らに先立って一人の人を送った、
ヨセフは奴隷に売られたのであった。
一八 人々は彼に足かせをはめ
その首(くび)に鉄をはめた。
一九 しかし彼の言葉の適中する時がきて
ヤハウェの言が真実となった。
二〇 彼は王をつかわして彼を自由にさせ
諸国の支配者をして彼を解放させた。
二一 彼はヨセフをおのが家の司とし
そのすべての財産を宰どらせた、
二二 その大臣たちを教え、みずから

その長老たちを賢くするために。
二三 それからイスラエルはエジプトに来、
ヤコブはハムの地に宿った。
二四 彼はその民の数を激増させ
その敵よりも強くされた。
二五 敵の心は一転してその民を憎むようになり、
その僕らに向かって悪だくみをはかった。
二六 彼はその僕モーセと
その選んだアロンを遣わした。
二七 彼はエジプトでそのしるしを行ない
ハムの地で不思議を行なった。
二八 彼が闇を造ったので暗くなった、
そのため彼らは彼のみ業を見得なかった。
二九 彼は彼らの水を血にかえ
彼らの魚を死なせた。
三〇 彼らの国には蛙が一杯になり
王の寝間にまで及んだ。
三一 彼が語られると害虫が来

ぶよがその全領域にみちた。
三二 彼は雨の代りにひょうをかれらに与え、
その国に炎の火を与えた。
三三 彼は彼らの葡萄といちじくを打ち
その丘の木を折られた。
三四 彼が語られると蝗(いなご)が来
無数のばったがやって来た。
三五 そして彼らの地のすべての青物を食い
彼らの農地の作物を食った。
三六 彼は彼らの地のすべての首子(ういご)を打ち
すべての力の初子を打たれた。
三七 彼は金銀をたずさえて彼らを出立させ、
その諸族のうちに躓く者はなかった。
三八 エジプトは彼らの出立を喜んだ、
彼らに対する恐怖が襲ったから。
三九 彼は雲をおおいとして拡げ、
夜を照らす火を拡げた。
四〇 人々が願ったのでうずらが来

天のパンが彼らを飽かしめた。
四一 彼は岩を開いて水を湧き出させ、
水は乾いた地に川のように流れた。
四二 彼はその僕アブラハムとの
聖なる契約を忘れなかったからである。
四三 彼はその民を喜びの中に出て行かせ
その選んだ者を歓呼をもって出立させた。
四四 彼らに諸国の民の多くの地を与え
多くの族の富を彼らは嗣いだ。
四五 これは彼らが彼の誡命を守り
彼の律法に従うためである。
ハレルヤ！

一〇五　神の恵みとイスラエルの罪（一〇六）

一 ハレルヤ！
ヤハウェに感謝せよ、げに彼は恵み深く、
そのいつくしみは永遠（とこしえ）につづく。

二ヤハウェのみ力を語り、
そのすべての誉(ほま)れを告げる者は誰か。
三掟を守る者、いかなる時にも
義を行なう者に幸あれ。
四ヤハウェよ、あなたの民への愛ゆえにわたしを覚え、
あなたの救いの故にわたしに来り給え。
五あなたの選びの民の幸いを見、
あなたの国民(くにたみ)の喜びを喜び
嗣業の民とともに誇るために。
六われらは先祖たちとともに罪を犯し
不法を行ない、咎に落ちた。
七われらの先祖たちはエジプトで
あなたの奇しきみ業を悟らなかった。
みいつくしみの多きを想わず、
葦の海でいと高き者に背いた。
八しかし彼はみ名の故に彼らを救い
み力を彼らに知らせた。
九彼が葦の海を叱咤されると海は乾き、

砂漠を行くように彼らに淵を通らせた。
一〇彼らを憎む者の手から救い出し、
仇の手から彼らを贖い出された。
一一水は彼らの敵をおおい、
その中一人も残らなかった。
一二そこで彼らはみ言を信じ、
その誉れを歌った。
一三早くも彼らはみ業を忘れ、
その計画(はかりごと)を待たなかった。
一四彼らは砂漠で貪りをおこし
荒野で神を試みた。
一五彼は彼らの求めに応じられたが、
彼はまた消耗(おとろえ)を彼らの咽喉(のど)に送った。
一六彼らは宿営でモーセと
ヤハウェの聖者アロンを妬んだ。
一七そこで地が口を開けてダタンを呑み
アビラムの一党をおおった。
一八火は彼らの一党に燃えつき

炎は悪人どもを焼きつくした。
一九 彼らはホレブで小牛をつくり、
鋳た像の前に平伏した。
二〇 彼らは自分たちの栄光を
草を食う牛の像と取りかえた。
二一 彼らは彼らの救い主なる神、
エジプトで大いなる業をされた方を忘れた。
二二 ハムの地での奇しきみ業、
葦の海での畏るべき業をされた方を。
二三 彼は彼らを滅ぼそうと思われたが、
モーセ、彼の選び人は彼の前に
破れ口に立って、彼の怒りをそらして
彼らの滅びを防いだ。
二四 彼らはすばらしい地をしりぞけ
彼のみ言(ことば)を信ぜず、
二五 その天幕の中でつぶやき、
ヤハウェのみ声に聞かなかった。
二六 そこで彼は彼らに向かって手を上げ

砂漠で彼らをたおし、
二七 諸国民の間に彼らの裔を散らし
諸国に彼らをまき散らそうと誓った。
二八 彼らはバール・ペオルにつき、
死者の宴に与った。
二九 その行ないをもって彼を怒らせ、
疫病が彼らの間にひろがった。
三〇 ピネハスは立って執り成したので
疫病はやんだ。
三一 それは代々とこしえまで
彼の義と数えられた。
三二 彼らはメリバの水のほとりで彼を怒らし、
モーセは彼らのために苦しいはめになった。
三三 彼らが彼の心にさからったので
彼が唇をもって不用意なことを言ったからだ。
三四 ヤハウェが彼らに命じられたように
彼らは異国の民を滅ぼすことをしなかった。
三五 彼らは諸国の民の間にまざり

彼らの業をならった。
三六 彼らは諸国民の偶像につかえ、
それらは彼らのわなとなった。
三七 彼らはおのれの息子たちを犠牲にし
おのれの息女たちを悪鬼にささげた。
三八 彼らは罪なき者の血を注ぎ、
〔カナンの偶像にささげた息子息女らの血を〕
地は流血によって汚された。
三九 彼らはその業によって汚れ
その行ないによって淫した。
四〇 ヤハウェの怒りはその民に向かって燃え
彼はその嗣業をいみ嫌われた。
四一 諸国の民の手に彼らをわたし
彼らを憎む者が彼らを治めた。
四二 その敵は彼らを圧制し
その手の下に彼らはかがんだ。
四三 いく度か彼らを救われたが、
彼らは彼の計画（はかりごと）に背き

その咎のために低くされた。
四四 彼は苦境にある彼らをかえりみ
その叫びをきかれた。
四五 彼らに対する契約を想い出し、
みいつくしみの多きに従い心をひるがえし
四六 彼らをとりこにしたすべての者の前で
彼らにあわれみをかけられた。
四七 われらの神、ヤㇵウェよ、われらを救い給え、
あなたの聖きみ名に感謝し、
あなたの誉れの前に平伏するために
諸国の民の中からわれらを集め給え。
四八 イスラエルの神、ヤㇵウェは
永遠より永遠までほむべきかな。
すべての民はアーメンと言え。
ハレルヤ！

一〇六　贖われた者（一〇七）

一ヤハウェに感謝せよ、げに彼は恵み深く
そのいつくしみは永遠につづく。
二ヤハウェに贖われた者は言え、
彼は苦しみの中から彼らを贖い
三よもの国、東、西、北、南より
彼らを集めた。

四彼らは砂漠で迷い、荒野で
人の住む町への道を見失った。
五彼らは飢えかつ渇き、
彼らののどはひあがった。
六その苦しみの中で彼らはヤハウェに叫んだ、
彼はその悩みから彼らを救い
七正しい道に彼らを導き
人の住む町に行かせた。

八彼のいつくしみと、人の子らへの
奇しきみわざの故に彼らはヤハウェに感謝せよ。
九彼がかわいたのどをうるおし
飢えた口に良きものを満たしたから。

一〇暗きと闇のうちに座する者
苦悩と鉄鎖にしばられた者。
一一げに彼らは神の言いつけにそむき
いと高き者の計画(はかりごと)をなみした。
一二そこで彼は彼らの心を辛労によって低くされた。
彼らはたおれたが、助ける者もなかった。
一三その苦しみの中で彼らはヤハウェに叫んだ。
彼は悩みから彼らを助け出し、
一四暗きと闇の中から彼らを引き出し
彼らのかせをこぼたれた。
一五彼のいつくしみと、人の子らへの
奇しきみわざの故に彼らはヤハウェに感謝せよ。
一六彼が青銅の扉を打ち破り

鉄の貫の木を砕かれたから。
一七 彼らは邪まな歩みの故に疲れ
その咎の故に弱くされた。
一八 すべての食物を彼らはいとうようになり
こうして死の門に近づいた。
一九 その苦しみの中で彼らはヤハウェに叫んだ。
彼は彼らの悩みから彼らを助け出し
二〇 み言を遣わして彼らを医し、
滅びの穴からその生命を救い出された。
二一 彼のいつくしみと、人の子らへの
奇しきみわざの故に彼らはヤハウェに感謝せよ。
二二 感謝の犠牲をささげ、
喜びつつそのみわざを語れ。
二三 彼らは舟で海を下り
大海で商売に従事した。
二四 彼らは海の深みでヤハウェのみわざと

その奇しきみわざを見た。
二五 彼が命じて大風をたたせると
海の波は高まった。
二六 彼らは天に上り、淵に下り
その魂（たま）は危うきによってとけ去り
二七 彼らは酔いどれのようにゆれ動き
その智慧はみな失せた。
二八 その苦しみの中で彼らはヤハウェに叫んだ。
彼は悩みから彼らを引き出した。
二九 彼は暴風（あらし）を静めて凪（なぎ）とし
海の波は静まった。
三〇 彼らは海の静まったのを喜んだ。
彼は目ざす港に彼らを導かれた。
三一 彼のいつくしみと、人の子らへの
奇しきみわざの故に彼らはヤハウェに感謝せよ。
三二 民の集いにおいて彼をあがめ
長老たちの集いで彼をほめよ。

三三彼は流れを砂漠にかえ、
泉を涸れた地にかえる。
三四その中に住む者の悪の故に
実り豊かな地を塩地にかえる。
三五砂漠を池にかえ
乾いた地を泉にかえる。
三六こうしてそこに飢えた者を住ませ
彼らは住むべき町を建てる。
三七彼らは野に種をまき、葡萄を植え
それは豊かな収穫をもたらす。
三八彼は彼らを祝し、その数は大いにふえ、
その家畜の数はへることがなかった。
三九彼らはまた災いと苦しみに圧せられて数がへった。
四〇すると彼は貴族たちの上にそしりを注ぎ、
彼らを道なき荒地にさまよわせた。
四一彼は貧しき者をその惨めな様から高くし
その族を群のように多くされた。
四二直き者は見て、喜び

すべての不法はその口をつぐんだ。
四三誰か賢くてこれらのことを心にとめ、
ヤハウェのいつくしみを悟るものぞ。

一〇七　神の助け（一〇八）

一うた。ダビデの歌。
二神よ、わが心は定まった、
わたしは歌い、わたしはたたえよう。
三わが栄よ、さめよ、
琴と竪琴(たてごと)よ、さめよ。
わたしはしののめを呼びさまそう。
四ヤハウェよ、わたしは諸国民の間であなたに感謝し
諸族の間であなたをほめたたえよう。
五げにあなたの慈しみは大きく、天にとどき
あなたの真実は雲にとどく。
六ヤハウェよ、御自身を天よりも高くし
あなたのみ栄を全地の上に上げて下さい。

七あなたの愛する者を救うために
あなたの右の手をもって助け
わたしに答えたまえ。
八ヤハウェはその聖所にあって言われた、
「わたしは喜びの叫びをあげ、
シケムを分かち、スコテの谷を測る。
九ギレアデもマナセもともにわたしのもの、
エフライムはわがかぶと、
ユダはわが杖、
一〇モアブの水はわが足だらい、
エドムにはわがくつを投げる。
わたしはペリシテに対して勝ちどきを上げる」。
一一誰がわたしを堅固な町につれてゆくであろう。
誰がわたしをエドムに導くであろう。
一二ヤハウェよ、あなたはわれらを棄て、
われらの軍勢とともに出ては下さらない。
一三敵に対してわれらに救いを与えて下さい。
人の助けは空しいのです。

一四ヤハウェにあってわれらは勇ましく戦おう。
われらの敵をふみにじるものは彼である。

一〇八　呪いと祝福（一〇九）

一聖歌隊の指揮者に、ダビデによる、歌。
わが神よ、わがほめたたえの歌に耳を閉ざし給うな。
二悪人の口と偽り者の口は
わたしに向かって開かれ、彼らは
偽りの舌をもってわたしに物言う。
三憎しみにみちた言葉でわたしを囲み、
理由なくわたしを攻める。
四彼らはわが愛に敵意をもって報いる、
しかしわが祈りは彼らのため。
五彼らはわたしに対し善に報いるに悪をもってし、
わが愛に報いるに憎しみをもってした。
六「彼を罪する者を彼のために任じ
彼を訴える者を彼の右に立たせよ。

七彼は審かれて悪人とされ
彼の祈りは罪となるように。
八彼の日々は数少なくなり、
彼の仕事に他の人が代るように。
九その子らはみなし児となり、
彼の妻はやもめとなれ。
一〇彼の子らはさ迷い歩いて物乞いし
その廃墟から追いだされるように。
一一彼の全財産を債権者に占らせ、
彼の所得を他の人たちに奪わせて
一二彼にあわれみをかける者はなくなり、
彼のみなし児を恵む者もないように。
一三滅びが彼の未来を襲い
次の代では彼の名は抹殺されるように。
一四彼の父の咎はヤハウェに憶えられ
彼の母の罪は消されず、
一五それらはヤハウェの前にいつもとどまり
ヤハウェが彼らの記憶を地から絶たれるように。

一六 それは彼が愛をほどこすことを忘れ
あわれな貧しい者を迫害し、
絶望した者を殺そうとしたからだ。
一七 彼は呪うことを好んだので呪いが彼にかかり、
祝福することをきらったので祝福は彼から遠ざかった。
一八 彼は呪いを着物のように着た。
だからそれは水のように彼の中に入り込み
油のように彼の骨の中にしみこむがよい。
一九 呪いは彼が身をつつむ着物となり
彼がいつも腰につけている帯になれ」。
二〇 これがわたしを訴える者たちと
わたしに向かって悪いことを言う者のやり方です。
二一 しかしわが主、ヤハウェよ、
み名の故にわたしをあしらって下さい、
あなたの恵みは豊かでわたしを救い給う。
二二 まことにわたしは貧しくかつ乏しく
わが心はわがうちに傷ついている。
二三 わたしは傾く影のように過ぎ去り

いなごのように追いやられる。
二四 わたしのひざは断食のためにガタガタになり
わたしの肉は脂を失ってひからびた。
二五 わたしは彼らの嘲りの的となり
彼らはわたしを見てその頭をふっている。
二六 わが神ヤハウェよ、わたしをお助け下さい、
あなたの恵みに応じわたしを救って下さい。
二七 彼らは知るがよい、あなたの手がこの事を、
ヤハウェよ、あなたがそれをなさった事を。
二八 彼らは呪い、あなたは祝福される。
わたしの敵は恥じ、あなたの僕は喜ぶように。
二九 わたしを憎む者は恥を身にまとい
その恥辱を上衣のようにつけるがよい。
三〇 わたしはわが口でヤハウェを大いにたたえ、
多くの者の間で彼をほめたたえよう。
三一 げに彼は貧しい者の右に立ち
その生命を審く者より救われる。

一〇九　祭司王（一一〇）

一ダビデによる、歌。
ヤハウェがわが主に言われる、
「わが右に坐せよ、
わたしは君の敵を君の座とし
君の足台とした」。
二ヤハウェはシオンから
あなたの力ある杖をさし出される、
あなたの敵どもの真中で支配なさるがよい。
三あなたの勝利の日にあなたの民は
喜んであなたに従う。
「聖なる山で、あけぼのの胎から
わたしは君を露のように生んだ」。
四ヤハウェは誓いをたてて
取り消し給うことはない。
「君はマルキ・ツェデクの様にひとしく

とこしえに祭司である」。
五 主はあなたの右に居られる。
彼はその怒りの日に
王たちをふみにじられる。
六 彼は多くの民を審き
屍をもって谷をみたし
広き野で支配者をふみにじられる。
七 彼はあなたを王位に即け
かくてあなたの頭（こうべ）を上げる。

一一〇　記　念（一一一）

一 ハレルヤ！
わたしは心をつくして、正しき者の集い、
集会で、ヤハウェをほめたたえよう。
二 ヤハウェのみわざは大いにして
それを悦ぶ総ての者に知られる。
三 その為さることは栄え輝き

その義はとこしえに立つ。
四 彼はその妙なるわざを記念し給う。
ヤハウェは恵みと憐れみに富む。
五 彼は畏れる者に食を与え、
その契約を永遠に忘れ給わぬ。
六 そのみわざの力を彼の民に知らせ、
多くの国民の嗣業を彼らに賜う。
七 そのみ手のわざは真実(まこと)で正しく
その誡命はみなかたい。
八 それらはときわに変ることがなく、
真実(まこと)と正しさで守るべきもの。
九 彼はその民のために贖いをなし
その契約を永遠に仰(おお)せ出(いだ)された。
そのみ名は聖にして畏るべし。
一〇 ヤハウェを畏れるは智慧の始め、
それらを行なう者みなに良き終りあり、
彼の誉れはとこしえに立つ。

一一二　義人の報い（一一二）

一 ハレルヤ！
ヤハウェを畏れ、
その掟をいたく悦ぶ人に幸あれ。
二 その裔は国中でその数を増し、
正しき一族として祝福される。
三 その家は富みかつ栄え
その義はとこしえに立つ。
四 暗き中にも正しき者の光は昇る、
恵みと憐れみに富む義なる神。
五 惜しみなく貸し与える人はよい。
彼は公平をもってその業を行なう。
六 まことに彼はいつでも躓かず
義人はとこしえに忘れられない。
七 彼は悪い噂を恐れず
ヤハウェに信頼してその心はかたい。

八その心は支えられて恐れず、
その敵をも見うるようになる。
九彼は貧しい者に豊かに分け与え
その義はとこしえに立ち
その角は栄光の中に上げられる。
一〇悪しき者は見て怒り、
歯ぎしりして消えて行く。
悪しき者らの願いは無となろう。

一一二　高くして低き神（一一三）

一ハレルヤ！
ほめたたえよ、ヤㇵウェの僕らよ、
ほめたたえよ、ヤㇵウェのみ名を。
二あがめられよ、ヤㇵウェのみ名こそ、
今よりとこしえにいたるまで。
三日の出るところから没するところまで
ヤㇵウェのみ名はたたえられる。

四ヤハウェはすべての国民(くにたみ)の上に高く
その栄光は諸天の上にある。
五誰かわれらの神ヤハウェの如き者があろう。
彼はいと高きところに座して
六はるかに天と地を見おろされる。
七彼は低き者を塵の中からおこし
貧しき者を泥(ひじ)の中から高め、
八貴き者とともに坐らせ、
民の貴き者とともに坐らせる。
九子を生まぬ女にも家に住むことをゆるし、
多くの子の母として彼女を喜ばせる。
ハレルヤ！

一一三　神の支配（一一四）

一イスラエルがエジプトを出、
ヤコブの家が口ごもる民を離れたとき
二ユダはその聖所となり、

イスラエルはその治める所となった。
三 海は見て、逃げ
ヨルダンは後に退いた。
四 山々は雄羊のようにおどり
小山は小羊のようにおどった。
五 海よ、何故君は逃げるのか、
ヨルダンよ、何故後に退くのか。
六 山々よ、何故雄羊のようにおどり
小山よ、小羊のようにおどるのか。
七 地よ、主のみ前に、
ヤコブの神のみ前にふるえよ。
八 彼は岩を水の湧き出るところとし、
小石を水の源とする。

一一四 み 栄（一一五）

一 われらにでなく、ヤハウェよ、われらにでなく
あなたのみ名にみ栄を帰して下さい、

あなたのいつくしみと真実(まこと)の故に。
二 外国(とつくに)の民は何故言うのでしょう、
「彼らの神はいずこにあるのか」と。
三 しかしわれらの神は天にいます、
み心のままにすべてをされる。
四 彼らの偶像は銀や金で
人の手の造ったもの。
五 口があっても物を言わず、
眼があっても見ない。
六 耳があっても聞かず、
鼻があっても嗅ぐことがない。
七 手はと言えばさわることも出来ず
足はと言えば歩くことも出来ない。
そののどで声を出すこともない。
八 偶像をつくる者もそれと同じ、
すべて彼らに頼る者も。
九 イスラエルよ、ヤㇵウェに頼め、
彼こそ彼らの助け、彼らの盾。

一〇アロンの家よ、ヤㇵウェに頼め、
彼こそ彼らの助け、彼らの盾。
一一ヤㇵウェを畏れる者よ、ヤㇵウェに頼め、
彼こそ彼らの助け、彼らの盾。
一二ヤㇵウェはわれらをわすれず、祝福を賜う。
イスラエルの家を祝福し
アロンの家を祝福される。
一三ヤㇵウェを畏れる者を
小も大も祝福される。
一四ヤㇵウェは君たちの数をまし、
君たちと君たちの子らの数をまし給う。
一五望むらくは君たちが、天地の造主なる
ヤㇵウェに祝福されんことを。
一六天はヤㇵウェの天、
地を彼は人の子らに賜うた。
一七死者はヤㇵウェをたたえず
沈黙（しじま）の国に下る者も一人もヤㇵをたたえない。
一八しかしわれらはヤㇵをあがめる、

今より永遠にいたるまで。
ハレルヤ！

一一五　感謝の犠え（一一六）

一 わたしはヤハウェを愛する、
げに彼はわが歎きの声を聞かれ、
二 わたしが呼ばわった時に
その耳をわたしに傾けられた。
三 死の綱はわたしを囲み、
陰府の苦しみはわたしに臨んだ。
わたしは悩みと苦しみにあった。
四 その時わたしはヤハウェのみ名を呼んだ、
「ああ、ヤハウェよ、
わが生命を救い給え」と。
五 ヤハウェは恵み深く義しく
われらの神はあわれみに富む。
六 ヤハウェは愚かな者を守られる。

弱りはてた時、彼はわたしを助けた。
七 わが魂よ、お前の安きに帰るがよい。
ヤㇵウェは豊かにお前をあしらい給うたから。
八 げにあなたはわが生命を死から、
わが眼を涙から、
わが足を躓きから救い出された。
九 わたしはヤㇵウェのみ前に
生ける者の地を歩むであろう。
一〇 わたしはいたく低くされた、と
言いつつもなお信じた。
一一 おじまどっていた時わたしは言った、
すべての人は偽り者だ、と。
一二 どうしてわたしはヤㇵウェに報いえよう、
わたしに加えられたすべての恵みに対して。
一三 わたしは救いのさかずきをかかげ、
ヤㇵウェのみ名を呼ぼう。
一四 ヤㇵウェに対するわが誓いを
彼の民みなの前ではたそう。

一五ヤハウェは彼の聖徒の死を
価高きものとされる。
一六ああ、ヤハウェよ、わたしはあなたの僕、
あなたの僕で、あなたの婢女(はしため)の子。
あなたはわがかせを解かれた。
一七わたしはあなたに感謝の犠(いけに)えを捧げよう、
ヤハウェのみ名を呼びつつ。
一八ヤハウェに対するわが誓いを
彼の民みなの前ではたそう。
一九ヤハウェの家の前庭で、
エレサレムよ、君のうちで。
ハレルヤ！

一一六　ヤハウェをほめよ（一一七）

一すべての国民(くにたみ)よ、ヤハウェをほめよ、
すべての族(やから)よ、彼をたたえよ！
二げにそのいつくしみはわれらの上に強く

その真実(まこと)はとこしえにつづく。
ハレルヤ!

一一七　義の門を開け（二一八）

一ヤハウェに感謝せよ、げに彼は恵み深く
その憐れみは永遠(とこしえ)につづく。
二イスラエルは言え、その憐れみは永遠につづくと。
三アロンの家は言え、その憐れみは永遠につづくと。
四ヤハウェを畏れる者は言え、その憐れみは永遠につづくと。
五閉じ込められた所からわたしはヤハを呼んだ。
ヤハはわたしに答え、わたしを自由にされた。
六ヤハウェはわが味方、わたしは恐れない。
人がわたしに何をなし得よう。
七ヤハウェはわが味方、わたしを助けられる。
わたしは敵を直視しうる。
八ヤハウェのもとに隠れるのは人に頼るよりよい。
九ヤハウェのもとに隠れるのは力ある者に頼るよりよい。

10 すべての族（やから）はわたしを囲んだ。
ヤハウェの名によってげにわたしは彼らを滅ぼす。
11 彼らはわたしを囲んだ、然りわたしを囲んだ。
ヤハウェの名によってげにわたしは彼らを滅ぼす。
12 彼らは蜂のようにわたしを囲んだ。
彼らは燃えつきた燈心の火のように消された。
ヤハウェの名によってげにわたしは彼らを滅ぼす。
13 わたしは烈しく突かれて倒れた。
しかしヤハウェはわたしを助けた。
14 ヤハはわが力、わが歌、彼はわが救いとなった。
15 義しき者の幕屋に救いを喜ぶ声、
「ヤハウェの右の手は力ある業をなし、
16 ヤハウェの右の手は高くあがり
ヤハウェの右の手は力ある業をなす」と。
17 わたしは死なず、生きて
ヤハのみ業を語ろう。
18 ヤハはいたくわたしをこらされたが、
死には渡し給わなかった。

一九わがために義の門を開け！
わたしはその門を入り、ヤハに感謝しよう。
二〇これはヤハウェの門。
義しい者はその中に入れる。
二一わたしはあなたに感謝する、あなたはわたしに答え、
わたしのために救いとなられた。
二二家造りらの棄てた石が
隅の首石（おやいし）とはなった。
二三このことはヤハウェから出たこと、
われらの眼には奇（くす）しきことだ。
二四これはヤハウェの業を果たされた日、
われらはその日に喜び楽しもう。
二五ああ、ヤハウェよ、救い給え、
ああ、ヤハウェよ、幸（さきわ）わせ給え。
二六ヤハウェのみ名によって入る者に祝福あれ。
われらはヤハウェの家から君たちを祝福する。
二七神、ヤハウェはわれらを照らされる。
葉のついた枝で宮をおおい

祭壇の角を飾れ。
二八あなたはわが神、わたしはあなたに感謝する。
わが神よ、わたしはあなたをあがめる。
二九ヤハウェに感謝せよ、げに彼は恵み深く
その憐れみは永遠につづく。

一一八　おきて（一一九）

アレフ

一幸いなるかな、ヤハウェの律法に歩み、
その道に欠けたることのなき者は。
二幸いなるかな、彼のあかしを守り、
全心をかけてそれを追い求める者は。
三その人はまた不法を行なわず、
み言葉に歩む。
四あなたがあなたの法(のり)を命ぜられた、
これをかたくまもるようにと。

五 ああ、わが道がかたく立ち
あなたの定めをまもりたし。
六 そうすればわたしは恥ずることなく
あなたのすべての命令を直視するだろう。
七 わたしは真直ぐな心であなたを讃め
あなたの義しい誡命（いましめ）を学ぶだろう。
八 わたしはあなたのことばを全くまもる。
どうかわたしを棄てないで下さい。

ベース

九 何によって若者はその途を清く保てるか。
それはあなたのみ言葉をまもることによって。
一〇 全心をかけてわたしはあなたを追い求める。
あなたの命令から迷い出ることがないように。
一一 わたしは心にあなたのことばを貯える。
あなたに向かって罪を犯さないために。
一二 ヤハウェよ、あなたはほむべきかな。
あなたの定めをわたしに教えて下さい。

一三 わが唇をもってわたしは数える、
あなたの口から出るすべての誡命を。
一四 わたしはすべての宝にまさって
あなたのあかしの道を喜ぶ。
一五 あなたの法をわたしは思いめぐらし
あなたのもろもろの途に眼をとめる。
一六 あなたの律法をわたしは楽しみ
あなたのみ言葉をわたしは忘れない。

ギメル

一七 あなたの僕に恵みをほどこし、わたしを生かして、
あなたのことばを守らせて下さい。
一八 わが眼を開いて、よく見させて下さい、
あなたの律法のうちの妙なるものを。
一九 わたしはこの地にある寄留者、
み言葉をわたしから隠さないで下さい。
二〇 わが魂はあなたの誡命を慕い
いつも絶え入るばかり。

二一あなたは不虔な者たちを脅(おど)し、
御命令から迷い出る者は呪われる。
二二恥と辱かしめをわたしから除いて下さい。
あなたの定めをわたしは守ったから。
二三役人たちも座して、わが不利をはかっている。
あなたの僕はあなたの法を喜ぶ。
二四あなたのあかしこそわが楽しみ、
わたしに策をさずけるもの。

ダレス

二五わが魂は塵に伏している。
み言葉に従ってわたしを生かして下さい。
二六わたしがわが道を数える時、あなたは答え給う。
わたしにあなたの定めを教えて下さい。
二七あなたの法に従う道を悟らせて下さい。
わたしはあなたの妙なるみ業を深く想う。
二八わが魂は悲しみのためにくずおれる。
み言葉に従ってわたしを立たせて下さい。

元 偽りの道をわたしから遠ざけ、
あなたの律法によってわたしを恵んで下さい。
言 わたしは真実の道を選んだ。
あなたの誡命を渇望して。
三 あなたのあかしにわたしは固着する。
ヤハウェよ、わたしを辱かしめないで下さい。
三 御命令に従ってわたしは走る。
わが心を広くし給うのはあなたです。

ヘー

亖 ヤハウェよ、あなたの定めの道を教えて下さい。
わたしは終りまでこれを守る。
亖 わたしに悟りを与えてあなたの律法を守らせ、
全心をかけてそれに従わせて下さい。
亖 あなたの命令に従う道を歩ませて下さい。
わたしはそれを喜んでいるのです。
兲 あなたのあかしにわが心を傾けさせて下さい、
不当な利得にではなくて。

三七 わたしの眼が空しいものを見ることなく、
あなたの道によってわたしを生かして下さい。
三八 あなたの僕にみことばをかたくし、
あなたを畏れさせて下さい。
三九 わたしの恐れる恥を除いて下さい。
あなたの誡命は良きものだから。
四〇 みよ、わたしはあなたの法を欲する。
あなたの義によってわたしを生かして下さい。

ウァーウ

四一 ヤハウェよ、あなたの恵みをわたしに来らせ、
あなたの救いをみことばに従って来らせて下さい。
四二 わたしをそしる者に答えることが出来るために。
わたしはあなたのみ言葉に依り頼む。
四三 わが口から真理の言葉を取り去らないで下さい。
あなたの誡命をわたしは待ち望む。
四四 あなたの律法をわたしに守らせて下さい、
いつも、いつも永遠（とこしえ）まで。

四五 広き所を歩ませて下さい。
あなたの法をわたしは探し求めているのだから。
四六 わたしはあなたのあかしを王たちの前で
語って、恥じることがない。
四七 あなたの命令をわたしは喜びとし、
それを愛する。
四八 あなたに向かってわが掌(て)をあげ、
あなたの定めを深く想う。

ザイン

四九 あなたの僕へのみ言葉を思い起こして下さい。
わたしにそれを待ち望ませ給うのはあなたです。
五〇 これこそ苦しみの時のわが慰め。
あなたのみことばはわたしを生かすから。
五一 不虔な者たちはいたくわたしをあざける。
わたしはあなたの律法から外(はず)れない。
五二 わたしは永久(いにしえ)からのあなたの誡命を想い起こす。
ヤハウェよ、わたしはそれによって慰められる。

五三 悪しき者の故に怒りはわたしを把えた、
彼らはあなたの律法を棄てる者たちです。
五四 あなたの定めはわが寄寓(やどり)の家で
わがために歌となった。
五五 ヤハウェよ、夜わたしはあなたのみ名を想い、
あなたの律法に従う。
五六 わたしがこう出来るのは
あなたの法を守ったからです。

ヘース

五七 ヤハウェはわが受くべき分、
み言葉を守ることをわたしは誓った。
五八 心をつくしてわたしはあなたの宥(ゆる)しを求める。
みことばに従ってわたしに恵みを与えて下さい。
五九 わが道にわたしは思いをめぐらし
わが歩みをあなたのあかしに向ける。
六〇 あなたの命令を守るのにわたしは
急ぎ、ためらうことはない。

六一 悪しき者のなわがわたしを囲んでも
あなたの律法をわたしは忘れない。
六二 あなたの義しき誡命の故に
夜半に起きてあなたに感謝する。
六三 わたしはすべてあなたを畏れる者、
あなたの法を守る者の友。
六四 ヤハウェよ、あなたの恵みは地に満つる。
あなたの定めをわたしに教えて下さい。

テース

六五 ヤハウェよ、あなたはみ言葉に従って
あなたの僕に恵みを施された。
六六 悟りと知識をわたしに教えて下さい。
御命令にわたしは依り頼むから。
六七 苦しみにあう前にはわたしは迷った。
今はあなたのみことばを守る。
六八 あなたは恵み深く、恵みを施される。
あなたの法をわたしに教えて下さい。

六九 不虔な者たちはわたしに向かって偽りを虚構する。
しかしわたしは心をつくしてあなたの法を守る。
七〇 彼らの心は脂肪のように閉ざされている。
しかしわたしはあなたの律法を喜ぶ。
七一 わたしがあなたの法を学ぶために
苦しみにあったのはよかったのだ。
七二 あなたの口の律法はわたしに
幾千(いくせん)の金銀にもまさるのです。

ヨード

七三 あなたのみ手がわたしを作り、わたしを固くした。
わたしに悟りを与え、御命令を学ばせて下さい。
七四 あなたを畏れる者はわたしを見て喜ぶ。
わたしがみ言葉を待ち望んでいるから。
七五 ヤハウェよ、わたしは知る、み審きは正しく、
あなたは真実(まこと)をもってわたしを低くされた事を。
七六 あなたのみことばに従い、僕にとって
あなたのいつくしみこそ慰めとなるように。

七七あなたの憐れみが臨んでわたしを生かして下さい。
あなたの律法はわが喜びなのです。
七八偽りをもってわたしを圧迫する不虔な者が恥を負うように。
わたしはあなたの法を深く想う。
七九あなたを畏れる者がわたしの側につくように、
彼らがあなたのあかしを知るために。
八〇わが心があなたの定めに対し全くあるように、
わたしが恥ずることのないためです。

カーフ

八一わが魂はあなたの救いをしたい、絶え入るばかり、
あなたのみ言葉をわたしは待ち望む。
八二わが眼はあなたのみことばを待ちわびて衰え、
いつあなたはわたしを慰めて下さるか、と言う。
八三まことにわたしは煙の中の皮袋のようになった。
しかしあなたの定めをわたしは忘れない。
八四あなたの僕の日々はいくばくなのか。
いつあなたはわたしを迫害する者に審きを行ない給うのか。

八五 不虔なる者はわたしのために穴を掘った。
彼らはあなたの律法に応じない者たちです。
八六 あなたのすべての命令は真実(まこと)です。彼らは偽って
わたしを迫害する。わたしを助けて下さい。
八七 彼らはこの地からわたしたちを亡ぼそうとした。
しかしわたしはあなたの定めを棄てない。
八八 みいつくしみによってわたしを生かし、
あなたの口のあかしをわたしに守らせて下さい。

ラーメド

八九 あなたのみ言葉は、ヤハウェよ、永遠で、
天にかたく立っている。
九〇 あなたのみことばは代々に続き
あなたは地を固く立てられた。
九一 あなたの誡命は今日までかたく立ち、
すべてのものがあなたに従う。
九二 あなたの律法がわが喜びでなかったら
わたしは悩みのうちに亡びたでしょう。

九三 わたしは永遠にあなたの定めを忘れない。
あなたはそれによってわたしを生かされたから。
九四 わたしはあなたのもの、わたしを救って下さい。
あなたの法をわたしは追い求めるからです。
九五 悪しき者はわたしを亡ぼそうとわたしをうかがっている。
だがわたしはあなたのあかしに心をとめる。
九六 すべての全きものにわたしは終りを見る。
しかしあなたの命令には限りがない。

メーム

九七 いかにわたしがあなたの律法を愛することか。
終日それについてわたしは思いめぐらす。
九八 御命令は敵よりもわたしを賢くする。
それが永遠にわがものだから。
九九 わがすべての師よりもわたしは聴(さと)くなった。
あなたのあかしをわたしは思いめぐらすから。
一〇〇 年よりたちよりもわたしは悟りを持つ、
あなたの法をわたしは守るから。

一〇一すべての悪しき道からわが足を遠ざける。
あなたのみ言葉を守るために。
一〇二あなたの誡命からわたしははずれない。
あなたがわたしにそれを教えられたのだから。
一〇三あなたのみことばはわがあごに何と甘いことか。
わが口に蜜よりも甘い。
一〇四あなたの定めによってわたしは悟りを得る。
それ故わたしはすべての偽りの道を憎む。

ヌーン

一〇五あなたのみことばはわが足の光、
わが歩む道の燈火（ともしび）です。
一〇六わたしは誓って、必ず
あなたの正しい誡命を守る。
一〇七わたしはいたく低くされている、ヤハウェよ、
み言葉に従ってわたしを生かして下さい。
一〇八わが口の献物がお気に召すように、
ヤハウェよ、あなたの命令をわたしに教えて下さい。

一〇九 わが生命はいつも脅かされている。
しかしあなたの律法をわたしは忘れない。
一一〇 悪しき者はわたしのためにわなを設けた。
しかしあなたの定めからわたしは迷い出ない。
一一一 わが嗣業は永遠にあなたのあかしにある。
それがわが心の喜びなのだから。
一一二 わたしはわが心を傾け、いつまでも
終りまであなたの法を行なう。

サーメク

一一三 わたしは二心の者を憎み、
あなたの律法を愛する。
一一四 あなたこそわが避け所また盾、
あなたのみ言葉をわたしは待ち望む。
一一五 悪をなす者よ、わたしから離れ去れ、
わたしはわが神の命令を守る。
一一六 みことばに従ってわたしを支え、生かして下さい。
わが望の故にわたしを辱かしめないで下さい。

一一七 わが救いのためにわたしを支持し、
あなたの法をいつも喜ぶ者として下さい。
一一八 あなたの定めから迷い出る者をあなたは棄てられる。
あなたは偽りの故に彼らを罰せられる。
一一九 あなたは地のすべての悪人を全くそのように除かれる。
それ故わたしはあなたのあかしを愛する。
一二〇 わが全身はあなたを畏れる故にふるえ、
あなたの審きの故にわたしは恐れる。

ガイン

一二一 わたしは公正と義を行なう。
わたしを虐げる者にわたさないで下さい。
一二二 あなたの僕の正しいことを保証して下さい、
不虔な者がわたしを虐げることのないように。
一二三 わが眼はあなたの救いをしたい
あなたの義しいみことばを求めて衰える。
一二四 あなたの僕をみ恵みに従ってあしらい
あなたの定めをわたしに教えて下さい。

一二五 わたしはあなたの僕故わたしに悟りを与え、
あなたのあかしを知らせて下さい。
一二六 今やヤハウェのために働くべき時です。
彼らはあなたの律法を破ったのだ。
一二七 わたしはすべてのもの、金や純金にもまさって
あなたの御命令を愛する。
一二八 それ故あなたのすべての正しい法を正しとし、
すべての偽りの道を憎む。

ペー

一二九 あなたのあかしは不思議であり、
わが魂はそれ故それを守る。
一三〇 あなたのみ言葉の門は輝いて
愚かな者に悟りを与える。
一三一 口を大きく開いてわたしはあえぎ求める。
あなたの命令をわたしは求める。
一三二 み顔をわたしに向けてわたしを恵み給え、
あなたのみ名を愛する者にいつもなさるように。

一三三 みことばによってわが歩みを固くして下さい。
すべての不法がわたしを支配することがないように。
一三四 人の虐げからわたしを贖って下さい、
そうすればわたしはあなたの法を守ろう。
一三五 あなたの僕にみ顔の光を照らして下さい、
あなたの定めをわたしに教えて下さい。
一三六 彼らがあなたの律法を守らないので
わが眼の涙は泉のようだ。

ツァーデー

一三七 ヤハウェよ、あなたは義しい、
あなたの誡命は直くある。
一三八 あなたは義と大いなる真実（まこと）をもって
あなたの定めをおおせいだされた。
一三九 わが熱心はわたしを食いつくす。
わが敵があなたのみ言葉を忘れたから。
一四〇 あなたのみことばはいと清く
あなたの僕はそれを愛する。

一四一 わたしは卑しく、人にあなどられる者、
しかしあなたの法をわたしは忘れない。
一四二 あなたの義は永遠に義、
あなたの律法は真実(まこと)です。
一四三 苦しみと悩みがわたしを襲った。
しかしあなたの命令はわが喜びです。
一四四 あなたのあかしは永遠に義しい。
わたしに悟りを与えて生かして下さい。

コーフ

一四五 全心をもってわたしは呼ぶ、わたしに答えて下さい。
ヤハウェよ、あなたの定めをわたしは守る。
一四六 わたしはあなたを呼ぶ、わたしを救って下さい。
そうすればあなたの法を守ろう。
一四七 朝まだきわたしは起きて祈る。
み言葉をわたしは待ち望む。
一四八 わが眼は夜番の交替の時に先立って覚め
あなたのみことばを想いめぐらす。

一四九 みいつくしみに従ってわが声を聞いて下さい、
あなたの誡命によってわたしを生かして下さい。
一五〇 悪だくみをもってわたしを迫害する者、
あなたの律法に遠い者が近づいてくる。
一五一 しかしヤㇵウェよ、あなたは近い、
あなたのすべての命令は真実です。
一五二 あなたのあかしによって早くから知っています、
あなたがそれを永遠に定められたことを。

レーシュ

一五三 わが苦悩をかえりみ、わたしを救って下さい。
あなたの律法をわたしは忘れないからです。
一五四 わが訴えを聞き入れてわたしを贖い、
あなたのみことばによってわたしを生かして下さい。
一五五 救いは悪しき者からは遠い。
彼らはあなたの定めを求めないのだから。
一五六 ヤㇵウェよ、あなたの憐れみは深い。
あなたのみ審きに応じてわたしを生かして下さい。

一五七 わたしを迫害し、わたしに敵する者は多いが、
あなたのあかしからわたしは外れない。
一五八 わたしは背く者どもを見て、嫌悪する。
彼らはあなたの命令を守らないのだから。
一五九 見て下さい、あなたの定めをわたしは愛する。
ヤハウェよ、あなたのいつくしみに従ってわたしを生かして下さい。
一六〇 み言葉の帰する所は真理(まこと)です。
あなたの義しいみ審きはみな永遠です。

シーン

一六一 役人たちは故なくわたしを迫害する。
しかしわが心はみ言葉の前におののく。
一六二 あなたのみことばをわたしは喜ぶ、
み口から出るものは大いなる獲物だから。
一六三 偽りをわたしは憎みかつ嫌う、
あなたの定めをわたしは愛する。
一六四 日に七度わたしはあなたをほめたたえる。
あなたの義しいみ審きの故に。

一六五 あなたの律法を愛する者の平安は大きく
災いが彼らに臨むことはない。
一六六 わたしはあなたの救いを待ち望む、ヤハウェよ。
わたしはあなたの命令を行なう。
一六七 わが魂はあなたのあかしを守り
それをいたく愛する。
一六八 わたしはあなたの法を守る。
わがすべての道はみ前にある。

ターウ

一六九 わが叫びがみ前にとどきますように、ヤハウェよ。
み言葉によってわたしを生かして下さい。
一七〇 わが祈りをみ前にいたらせ、
みことばによってわたしを救って下さい。
一七一 あなたが定めをわたしに教えられるので
わが唇は讃美に満ちあふれる。
一七二 わが舌はあなたの真実（まこと）を歌う。
あなたのあかしはみな義しいから。

一七三 み手を伸ばしてわたしを助けて下さい、
あなたの法をわたしは選びとったのだから。
一七四 あなたの救いをわたしは求める、ヤㇵウェよ。
あなたの律法はわが喜びです。
一七五 わが魂が生きかえってあなたをほめたたえるように。
あなたの誡命がわたしを助けて下さい。
一七六 もしわたしが迷える羊のように迷う時は
あなたの僕を探し出して下さい。
あなたの命令をわたしは忘れないからです。

一一九　メセクに宿る（一二〇）

一 都もうでの歌。
わが悩みの中にあってわたしは
ヤㇵウェに向かって叫ぶ、その答えを求めて。
二 ヤㇵウェよ、わが生命を
偽りの唇、欺きの舌から救い給え。
三 欺きの舌よ、ヤㇵウェはお前に

何を与え、何を加え給うだろう。
四ますらおの鋭い矢と、それに加えて
えにしだの熱き炭！
五わたしは禍いだ、わたしはメセクに宿り
ケダルの天幕に住む。
六わが魂はすでに久しく
平和を憎む者とともに住む。
七わたしはほんとうに平和を語る、
しかし彼らは戦いだけを欲する。

一二〇 わが助け（一二一）

一都もうでの歌。
わたしは山々に向かって眼をあげる。
わが助けはいずこより来るか。
二わが助けは天地を造られた
ヤハウェのもとから来る。
三彼は君の脚のよろめきを許さず

君を守る者はまどろまない。
四見よ、イスラエルを守る者は
まどろむことも眠ることもない。
五ヤハウェは君を守る者、
君の右手を蔽う蔭。
六昼は日君を打たず
夜は月君を打たぬ。
七ヤハウェは総ての災いから君を守り
君の生命を守られる。
八ヤハウェは今から永遠まで
君の出入りを守られる。

一二二　巡礼者の歌（一二二）

一ダビデの都もうでの歌。
人々がわたしに「いよいよヤハウェの家に入ろうとしている」
と言った時、わたしは喜んだ。
二エルサレムよ、われらの脚は

あなたの門の中に立っていた。
三 ただ彼によって固く囲まれ、
彼の町として建てられたエルサレムよ。
四 そこにもろもろの族(やから)、
ヤハの族は詣でる。
ヤハウェのみ名をたたえるのは
イスラエルのおきて。
五 まことやそこに裁きの御位(みくら)、
ダビデの家の御位に坐る者がいる。
六 エルサレムのために安きを求めよ、
「あなたを愛する者に平安あれ。
七 安きはあなたの城壁の中に、
平安はあなたの殿の中にあれ」と。
八 わが兄弟、わが友のために
わたしはあなたのうちなる平安を祈ろう。
九 ヤハウェの家のため、われらの神のために
わたしはあなたの幸いを祈り求めよう。

一二三　待望（一二三）

一 都もうでの歌。
わたしはあなたに向かって眼をあげる、
天の玉座に坐り給う者よ。
二 見よ、僕たちがその主人の手に眼を注ぎ、
婢女(はしため)がその女主(にょしゅ)の手に眼を注ぐように
われらは眼をわれらの神、ヤハウェに注ぎ
彼がわれらを恵み給うまでまつ。
三 ヤハウェよ、われらに恵みを賜え、
われらに恵みを賜え。まことに
われらに侮(あなど)りは満ちあふれた。
四 思いわずらいなき者の嘲(あざけ)りと
高ぶる者の侮りはわれらの魂に満ちあふれた。

一二三　感謝（一二四）

一ダビデの都もうでの歌。
ヤハウェがもしわれらの側にいまさなかったら
　　　　——とイスラエルは言え——
二ヤハウェがもしわれらの側にいまさなかったら
人々がわれらに向かって立ち上ったとき
三彼らの怒りがわれらに向かって燃え、そのとき
彼らはわれらを生きながら呑みこんだであろう。
四そのとき大水はわれらを押し流し
流れはわれらの喉元まであふれたであろう。
五そのとき激流はわれらの喉元まであふれたであろう。
六われらを彼らの歯の餌食としたまわなかった
ヤハウェはほむべきかな。
七われらの生命は鳥捕りのわなを逃れる
鳥のように逃れた。
わなは破れて、われらは逃れた。
八われらの助けは天地を造った
ヤハウェのみ名にある。

一二四　信　頼（一二五）

一都もうでの歌。
ヤハウェに信頼する者は
ゆるがず、とこしえに立つ
シオンの山のよう。
二エルサレムは山々これを囲む。
ヤハウェはその民を囲まれる、
今よりとこしえにいたるまで。
三げに不虔なる者の杖は
義しき者の嗣業の上におかれず、
義しき者がその手をのばして
不法を行なうことのないために。
四ヤハウェよ、よきを行なう者、
心直き者によきことを与えたまえ。
五しかしおのれの曲がった道に向かう者、
彼らをヤハウェが悪を行なう者とともに

過ぎ去らせ給うように！
安きがイスラエルの上にあれ！

一二五　転　換（一二六）

一 都もうでの歌。
ヤハウェがシオンの運命を変えられたとき
われらは夢見る者のようであった。
二 そのとき笑いはわれらの口に満ち
喜びの声はわれらの舌に満ちた。
そのとき諸国の民の間で
「ヤハウェは彼らに大いなることをされた」
と言う者があった。
三 ヤハウェはわれらに大いなることをされた。
われらはそれを喜んだ。
四 ヤハウェよ、われらの運命を
南の地の川のように変えて下さい。
五 涙をもって時く者は

喜びの声とともに刈りとる。
六 その人は泣きながら出ていって
種をまくが
束(たば)をたずさえ
喜びの声をあげて必ず帰ってくる。

一二六　家を建てる者（一二七）

一 ソロモンの都もうでの歌。
ヤハウェが家を建て給わなければ
建てる者の労苦は空しく
ヤハウェが町を守り給わなければ
番人が目を覚ましていても空しい。
二 君たちが早く起き、おそくやすみ
辛苦のかてを食らうのも空しい。
ヤハウェは彼の愛する者に
眠りの間によきものを給う。
三 見よ、子らはヤハウェの嗣業

胎の実はそのむくい。
四 若きときの子らは
勇士の手にある矢のようだ。
五 その箙(えびら)に矢を満たし得た
その人に幸あれ。
彼らは門でその敵を押し返す時に
恥を受けることはない。

一二七　祝　福（一二八）

一 都もうでの歌。
ヤハウェを畏れ、その道に歩む
すべての者に幸いあれ。
二 君の手の労し得たものをげに君は食する。
幸いなるかな、君、よきかな、君。
三 君の妻は家の奥にあって
豊かな実を結ぶ葡萄の木のよう、
君の子らは食卓のまわりに

オリーブの若木のようにいならぶ。
四 見よ、ヤハウェを畏れる者は
げにこのように祝福される。
五 ヤハウェがシオンから君を祝されるように。
君は君の生涯のすべての日々
エルサレムの幸いを見、
六 君の子らのまた子らを見るがよい。
安きがイスラエルの上にあれ。

一二八　義しきヤハウェ（一二九）

一 都もうでの歌。
彼らはわたしを若い時からしばしば責め悩ました、
——とイスラエルは言え——
二 彼らはわたしを若い時からしばしば責め悩ました、
しかし彼らはわたしに勝つことは出来なかった。
三 耕す者はわたしの背中の上を耕し、
長い畝溝（うねみぞ）をその上に引いた。

四義しきヤハウェよ、彼は
悪しき者の縄目をたち切られた！
五すべてシオンを憎む者は
恥じて後に退く。
六彼らは東風が枯らす
屋根の草のようになる。
七その草を刈る者はそれで手を満たし得ず、
束をつくる者も懐（ふところ）を満たし得ない。
八そこを通る者も言わない、
「ヤハウェの祝福、君たちにあれ」とは。
われらはヤハウェの名で君たちを祝する。

一二九　深き淵より（一三〇）

一都もうでの歌。
ヤハウェよ、深い淵からわたしはあなたを呼ぶ。
二主よ、ねがわくはわが声を聞き、
あなたの耳をわが歎願の叫びに傾け給え。

三 ヤハよ、あなたがもし罪を罪とし給うなら
主よ、誰か立つことができましょう。
四 しかし実際あなたには赦しがある。
それは人があなたを畏れるためです。
五 ヤハウェよ、わたしは待ち望む、
わが魂は待ち望む。
あなたのみ言葉をわたしは待つ。
六 わが魂は夜番が朝を待つにまさり、
しかり、夜番が朝を待つにまさって
主を待っている。
七 イスラエルよ、ヤハウェにすがれ。
ヤハウェにだけいつくしみがあり、
豊かな贖いが彼にはあるから。
八 そうだ、彼はイスラエルを
そのすべての罪から贖い給う。

一三〇　低き心（一三一）

一 ダビデの都もうでの歌。
ヤハウェよ、わが心高ぶらず、わが眼おごらず、
わたしは自らの及ばない高きを望まない。
二 むしろわたしはわが心を静め、黙せしめた。
その母から乳離れした子のように、
わが心はわがうちに静まった。
三 イスラエルよ、ヤハウェにすがれ、
今より永遠（とこしえ）にいたるまで。

一三二　王国の基礎（一三二）

一 都もうでの歌。
ヤハウェよ、ダビデに対し
そのすべての労苦を想い出し給え。
二 彼はヤハウェに向かって誓い
ヤコブの強き者に誓約を立てた、
三 「わたしは決してわが住居なる幕屋に入らず、
しつらえたわが床に上らない。

四わが眼に眠りを与えず、
わがまぶたに休みを与えない、
五わたしがヤハウェのために一つの所を、
ヤコブの強き者のために住家を見出すまでは」と。
六見よ、われらそれについてエフラタで聞き、
ヤアルの野でそれを見出した。
七いざ、われら彼の住家にいたり、
その足台の前に平伏そう。
八ヤハウェよ、立ち上ってあなたも、
あなたの力ある箱も休み所に入り給え。
九あなたの祭司たちは力を身にまとい
聖徒たちは喜びよばわる。
一〇あなたの僕ダビデのため
メシヤを退け給うな。
一一ヤハウェはダビデに真実をもて誓い
それに背かれることはない。
「君の胎の実をわたしは
君のために王位にすえよう。

一二 君の子らがわが契約を守り
わたしの教えたわが証しを守るならば
彼らの子らもとこしえまで
君の王位に座するであろう」。
一三 まことにヤハウェはシオンを選び
御自分の住居として望まれた。
一四 「これはとこしえまでわが休み所、
そこにわたしは住む、自ら望んだのだから。
一五 その食物をわたしは豊かに祝し、
貧しき者をパンをもって飽かせよう。
一六 その祭司たちに救いを着せ、
聖徒たちは大いに喜ぶであろう。
一七 そこでわたしはダビデのために一つの角を輝かせ
わがメシヤのために燈火を用意する。
一八 その敵たちにわたしは恥を着せる、
しかし彼の上には王冠がきらめく」。

一三二　一　致（一三三）

一ダビデの都もうでの歌。
見よ、兄弟たちがともに住むことは
いかによく、また美わしいことか。
二頭に注がれた貴い油がひげに流れ、
アロンのひげが着物のえりにたれさがるよう、
三シオンの山々におりるヘルモンの露のよう。
げにかしこにヤハウェは祝福と生命を
とこしえに仰(おお)せ出された。

一三三　祝　福（一三四）

一都もうでの歌。
見よ、総てのヤハウェの僕たちよ、ヤハウェをほめよ、
夜ごとに、ヤハウェの家に立つ者たちよ。
二君たちの手を聖所に向かって上げ、ヤハウェをほめよ。

三 願わくはヤハウェ、天地を造りし者
シオンから君を祝し給わんことを。

一三四　讃　美（一三五）

一 ヤハウェをほめたたえよ。
ヤハウェのみ名をほめたたえよ、
ヤハウェの僕たちよ、ほめたたえよ。
二 ヤハウェの家に立つ者、われらの神の家の前庭に立つ者よ、
三 ヤハをほめたたえよ。まことにヤハウェは恵み深い。
そのみ名をほめ歌え、まことにそれは美わしい。
四 まことにヤコブをヤハは選び、
イスラエルをその所有とされた。
五 まことにわたしは知る、ヤハウェは大いにいまし、
われらの主はすべての神々にまさることを。
六 ヤハウェはみ心のままにみななし給う、
天でも地でも、海でも、すべての深き淵でも。
七 彼は雲を地の果てから起こし、雨のために稲妻を作り、

風をその倉から出させる。
八 エジプトの首子（ういご）を人から獣まで打ち、
九 パロとその総ての僕たちに兆しと不思議を送った。
一〇 多くの国民を打ち、強き王たちを殺した、
一一 エモリ人の王シホン、バシャンの王オグ、
カナンの総ての王たちを。
一二 彼らの土地を嗣業として与え、
その民イスラエルに嗣業として与えた。
一三 ヤハウェよ、あなたのみ名はとこしえに続き
ヤハウェよ、あなたの呼名（よびな）はよろず代に続く。
一四 まことにヤハウェはその民を審き、
その僕たちを憐れまれる。
一五 諸国民の偶像は銀や金で人の手の工（わざ）、
一六 彼らに口があっても物言わず、
眼があっても見ることがない。
一七 耳があっても聞くことがなく、
また彼らの口にはいきがない。
一八 それらを作った者、総てそれらに依り頼む者は

それらと等しくなるであろう。
一九イスラエルの家よ、ヤㇵウェをほめよ、
アロンの家よ、ヤㇵウェをほめよ、
二〇レビの家よ、ヤㇵウェをほめよ、
ヤㇵウェを畏れる者よ、ヤㇵウェをほめよ。
二一エルサレムに住み給うヤㇵウェは
たたえられよ、シオンにて。
ハレルヤ！

一三五　絶えざる恵み（一三六）

一感謝せよ、ヤㇵウェに、げに彼は恵み深く
そのいつくしみは永遠（とこしえ）に続く。
二感謝せよ神々の神に、
そのいつくしみは永遠に続く。
三感謝せよ主の主に、
そのいつくしみは永遠に続く。
四大いなる不思議を独り為し給う方に、

　そのいつくしみは永遠に続く。
五 智慧をもて天を造られた方に、
　そのいつくしみは永遠に続く。
六 地を水の上にかたくされた方に、
　そのいつくしみは永遠に続く。
七 造られた方に、大いなる光を、
　そのいつくしみは永遠に続く。
八 昼をつかさどるために太陽を、
　そのいつくしみは永遠に続く。
九 夜をつかさどるために月と星を、
　そのいつくしみは永遠に続く。
10 エジプトの首子(ういご)を打たれた方に、
　そのいつくしみは永遠に続く。
一一 彼はイスラエルをその中から引き出された、
　そのいつくしみは永遠に続く。
一二 強いみ手と伸ばされたみ腕で、
　そのいつくしみは永遠に続く。
一三 葦の海を二つに分けられた方に、

そのいつくしみは永遠に続く。
一四 彼はイスラエルにその中を通らせ、
そのいつくしみは永遠に続く。
一五 パロとその軍勢を葦の海に投げ込まれた、
そのいつくしみは永遠に続く。
一六 その民に荒野を歩ませた方に、
そのいつくしみは永遠に続く。
一七 大いなる王たちを打たれた方に、
そのいつくしみは永遠に続く。
一八 彼は殺された、勢盛んな王たちを、
そのいつくしみは永遠に続く。
一九 エモリ人の王シホンを、
そのいつくしみは永遠に続く。
二〇 バシャンの王オグを、
そのいつくしみは永遠に続く。
二一 彼は彼らの地を嗣業として与えた、
そのいつくしみは永遠に続く。
二二 その僕イスラエルの嗣業にと、

そのいつくしみは永遠に続く。
二三 われらが低くされた時われらを忘れなかった、
そのいつくしみは永遠に続く。
二四 彼はわれらを敵から解き放された、
そのいつくしみは永遠に続く。
二五 すべての肉なる者にパンを給う、
そのいつくしみは永遠に続く。
二六 感謝せよ、諸天の神に、
そのいつくしみは永遠に続く。

一三六　バベルの流れの畔りで（一三七）

一 バベルの流れの畔り
そこでわれらは坐って泣いた、
シオンを想い出しながら。
二 われらはその中のポプラの樹に
われらの琴をかけたのだった。
三 というのはわれらを捕え移した者が

われらにそこで歌を求め、
われらを苦しめた者が楽しみを求めたのだ、
「われわれのためにシオンの歌を一つ歌え」と。
四 どうしてわれらは異境の地で
ヤハウェの歌を歌えようか。
五 エルサレムよ、もしわたしがあなたを忘れるなら
わたしの右の手は萎えてもよい。
六 もしわたしがあなたのことを想わないなら
わたしの舌は上あごについたままでもよい、
もしわたしがエルサレムを
わが頭上に喜びの冠としないならば。
七 ヤハウェよ、エドムの子らが
エルサレムの日にしたことを想い出して下さい、
彼らは言ったのだ、「ぶっこわせ、
ぶっこわせ、その基いまでも」と。
八 荒らす者なる娘バベルよ、
君に報いをする者に幸あれ、
九 君の子らをつかんで

岩に投げつける者に幸あれ。

一三七　讃　美（一三八）

一 ダビデの歌。
わたしは全心をもてあなたをほめたたえ
もろもろの神の前であなたをほめ歌う。
二 わたしはあなたの聖なる宮に向かって平伏し
あなたのいつくしみと真実（まこと）の故に
み名をほめたたえる。
あなたはみ名をもろもろの天より高くされた。
三 呼ばわる日にあなたはわたしに答え、
わが魂を広くして力を増し加えられた。
四 地のすべての王たちはあなたをほめたたえる。
彼らはみ口の言葉を聞いたからである。
五 彼らはヤハウェの道に想いをめぐらす、
ヤハウェの栄光は大きいからである。
六 げにヤハウェは高くいまし、低き者をかえりみる。

しかし高ぶる者を遠くから知られる。
七 わが敵の中を歩むともあなたはわたしを生かし
仇する者の怒りに抗してみ手を伸ばし
右のみ手をもてわたしを救われる。
八 ヤハウェはわがために報いられる。
あなたの恵みは、ヤハウェよ、永遠(とこしえ)にいたる。
あなたのみ手のわざを弱くしないで下さい。

一三八　創造者の全知と遍在（一三九）

一 聖歌隊の指揮者に、ダビデの、歌。
ヤハウェよ、あなたはわたしを探り、わたしを認知された。
二 あなたはわたしの坐るをも立つをも知り、
遠くからわたしの図る所をよく知られる。
三 あなたはわたしの歩むをも休むをもわきまえ悟り
わがすべての道を熟知し給う。
四 まことにわたしの唇から一言(ひとこと)でも洩れれば
ヤハウェよ、あなたはそれを確かに知られる。

五 うしろと前からあなたはわたしを囲み、
わが上にみ掌をおかれる。
六 このような知識はわたしには余りにくすしく
高きに過ぎて充分把えることが出来ない。
七 わたしは何処へ行ったらあなたのみ霊を離れ、
何処に逃げたらあなたのみ前を離れられるのか。
八 わたしが天に昇ってもあなたはそこに在し、
陰府にわが床を設けても、見よ、あなたは居られる。
九 わたしが曙の翼を借りて昇り
海の果てに降りて見ても
一〇 あなたのみ手はそこでわたしをつかまえ、
右のみ手はわたしを捕えるであろう。
一一 暗闇だけがわたしを囲み
わがまわりの光が夜になれとわたしが言っても
一二 あなたのみ前には暗闇も暗闇ではなく、
夜も昼のように明るい。
一三 まことにあなたはわが腎を造り、
母の胎内にわたしを組み立てられたのだ。

一四 わたしはあなたを讃える、わたしがくすしく造られ、
あなたのみ業がいとくすしくある故に。
昔からあなたはわが魂を知られた。
一五 わたしが隠れた所で作られ
地の底で妙につくられた時、
わが骨のあなたに知られないものはなかった。
一六 あなたのみ眼はわが生涯を見渡され
それらはみなあなたの書（ふみ）に記され、
わが日々はわたしが見る前に形造られた。
一七 神よ、あなたのみ想いはわたしにいかに貴く、
いかに数えがたく多いことか。
一八 それをわたしが数えようとしても
砂よりも多いのです。
わたしが終りだと思う時もあなたはなおともにいい給う。
一九 神よ、あなたが悪人を殺し給うように。
血を流す者はわたしを離れよ。
二〇 彼らは偶像を見、眼を上げて
並べられた像を見つめる。

二一ヤハウェよ、わたしはあなたを憎む者を憎み、
あなたを嫌う者を嫌うのではないか。
二二わたしははなはだしい憎悪をもって彼らを憎み
彼らをわたしの敵とするのです。
二三神よ、わたしを探り、わが心を認知して下さい。
わたしを験し、わが思いを知って下さい。
二四わがうちに偶像の道があるか否かを見、
わたしを永遠の道に導いて下さい。

一三九　訴えられた者の祈り（一四〇）

一聖歌隊の指揮者に、ダビデの歌。
二ヤハウェよ、悪しき人からわたしを救い、
荒びを行なう者からわたしを守って下さい。
三彼らは心に悪しきことを企て
日毎に争いを起こすのです。
四彼らの舌は蛇の舌のように鋭く、
まむしの毒がその唇の下にある。

五ヤハウェよ、悪人の手からわたしを護り
荒びを行なう者からわたしを守って下さい。
彼らはわたしの歩みを覆そうとする。
六高ぶる者はわがために落し穴をもうけ、
わたしを損なおうとする者は網をはり、
わが歩む道のそばにわなを置いた。
七わたしはヤハウェに言う、「あなたはわが神」と、
ヤハウェよ、わが歎きの声をお聞き下さい。
八主なるヤハウェ、わが救いの力よ、
戦いの日にわが頭をおおって下さい。
九、一〇ヤハウェよ、悪人の願いをいれないで下さい。
彼の図るところを許さないで下さい。
わたしを軽んずる者がわたしのまわりに
その頭をあげることがないように。
その唇の語る害悪が彼らをおおうように。
一一彼が彼らの上に炭火を降らし、
彼らは穴に落ちて、ふたたび出てこられないように。
一二口舌に巧みなる者、荒びを行なう者は

この地に立つことが出来ないように。
災いが彼らをかり立てるがよい。
一三 わたしは知る、ヤハウェは乏しき者の訴え、
貧しき者の公正をみたされることを。
一四 そうだ、義しい者はあなたのみ名を讃め
直き者はあなたのみ前に住むであろう。

一四〇　悪に抵抗する祈り（一四一）

一 ダビデの歌。
ヤハウェよ、わたしはあなたを呼ぶ、
わたしの所へ急いで来て下さい。
わたしがあなたを呼ぶ時
わが声を聞いて下さい。
二 わが祈りは薫香のように
拡げられたわが掌（て）は夕の犠牲のように
あなたの前に向かうことが出来ますように。
三 ヤハウェよ、わが口に見張りを置き

わが唇の戸の戸締りをして下さい。
四 わたしの心を悪事に傾け
悪を行なう人々と一緒に
わたしが不法な行ないに
加わることがないように、
わたしが彼らの美味を一緒に
口にすることがないように。
五 義しい者がわたしを打ってもよい。
敬虔な者がわたしをこらしてもよい。
悪人の油がわが頭に注がれることがないように。
わが祈りは彼らの悪に抵抗しているのですから。
六 彼らは審き主のみ手に陥る時
ヤㇵウェの言葉の妙なるを聞くでしょう。
七 地上に木端（こっぱ）や石ころが散らされるように
彼らの骨は陰府の口のために散らされるであろう。
八 わが主なるヤㇵウェよ、わが眼は
あなたに向けられています。
わたしはあなたを避け所とします。

わが魂を裸のままにしないで下さい。
九彼らがわたしのために設けた落し穴、
不法を行なう者の置いたわなから
わたしを守って下さい。
一〇悪人が自分の穴に落ちる時も
わたしは一人でその上を過ぎゆくでしょう。

一四一 わが嗣業（一四二）

一ダビデのマスキールの歌。彼が洞穴にいた時の祈り。
二わたしは声を出してヤハウェに向かって叫び
声を出してヤハウェに向かって恵みを求める。
三わたしはみ前にわが想いを注ぎ出し
み前にわが苦しみを告白する。
四わが魂がわがうちに衰えはてるとき
あなたこそわが道を知り給う。
彼らはわたしの歩もうとする途に
ひそかにわたしのためのわなを隠した。

五 わたしは右を向いて見まわしたが
わたしに眼をとめる者は一人もいなかった。
わたしには逃れ場所はなくなっていた。
わたしのために安否を問うてくれる人もなかった。
六 ヤハウェよ、わたしはあなたに向かって叫ぶ。
わたしは言う、「あなたこそわが避け所、
生ける者の地でわが受くべき嗣業」と。
七 わが歎きの声をお聞き下さい、
わたしはこんなにも弱くされてしまったのです。
わたしを責める者から救って下さい。
彼らはわたしよりもずっと強いのです。
八 どうかわが魂を獄屋（ひとや）から出し、
あなたのみ名をたたえさせて下さい。
あなたがわたしに報いたもうとき
義しい者がわたしを囲むでしょう。

一四二　あえぎ（一四三）

一 ヤハウェよ、わが祈りを聴いて下さい。
わが歎願（ねがい）の声に耳傾けて下さい。
あなたの真実（まこと）と義をもてわたしに答え給え。
二 あなたの僕の審きに関わり給うな、
生ける者は誰もあなたの前には義とされないのだから。
三 ああ、仇はわが魂を追跡し
わが生命を地に挫（くじ）き
永遠に死せる者の如くわたしを暗黒に陥れた。
四 わが霊はわが衷に衰えはて
心はわたしの内で硬化して了った。
五 わたしは昔の日を憶い出し
あなたの為し給うた総ての事を思いめぐらし
あなたのみ手の業を考える。
六 あなたに向かってわが手を拡げ
わが魂は水にあえぐ乾ける地のようにあなたに向かってあえぐ。

七急いで下さい、わたしに答えて下さい、ヤㇵウェよ、
わが霊はつきはてんとする。
あなたのみ顔を隠さずにおいて下さい、わたしから。
そうでないとわたしは坑に下った者と等しくなって了う。
八朝になったらあなたの恵みを聴かせて下さい、
何故ならわたしはあなたに頼むのだから。
わが歩むべき道を教えて下さい、
わが魂をあなたに向かって揚げますから。
九仇からわたしを救い給え、ヤㇵウェよ、
あなたのみもとにわたしは逃れますから。
一〇あなたの御意（みこころ）を為し得るように教えて下さい、
まことにあなたこそわたしの神だから。
あなたのあわれみの霊がわたしを平らかな道に導き給え。
一一ヤㇵウェよ、あなたのみ名の故にわたしを生かして下さい。
あなたの義をもてわが魂を敵どもから救い出して下さい。
一二あなたの恵みをもて仇をたち給え、
わが魂を苦しめる者を総て滅ぼし給え、
何故ならわたしはあなたの僕だから。

一四三　王と民（一四四）

一 ダビデによる。
わが岩、ヤハウェはほむべきかな。
彼はわが手に戦（いくさ）を教え
わが指に戦うことを教えられる。
二 わが力、わが砦、
わが櫓、わが避難所、
わが依り頼む盾、
わが民をわたしに従わせる者。
三 ヤハウェよ、人は何なのであなたはこれを顧み、
人の子は何なのであなたはこれに思いをかけ給うか。
四 人はいいきにひとしく
その日は影のように過ぎ去る。
五 ヤハウェよ、あなたの天を傾けて降りてきて下さい。
山々にふれ、煙を出させて下さい。
六 いなずまをはなって彼らを散らし

矢を射て彼らを混乱させて下さい。
七高い所からみ手を伸ばしてわたしを救い
大水からわたしを助け出して下さい。〔外国人の手から〕
八彼らの口は偽りをかたり
その右手は虚偽の右手です。
九神よ、わたしはあなたに向かって
新しい歌を歌いましょう。
十絃の琴をあなたのために奏(かな)でましょう。
一〇王たちに助けを与え、
その僕ダビデを救い給う者よ。
〔災いの剣から　一一わたしを救い、
外国人の手からわたしを助け出して下さい。
彼らの口は偽りを語り
その右手は虚偽の右手です。〕
一二どうかわれらの息子らに幸いを与え、
その若き日に豊かに育つ植物のようにして下さい。
われらの息女らは宮殿の隅の
刻まれた柱のようであらせて下さい。

一三 われらの倉は満たされ
あらゆる食物があふれ
われらの群は千倍にもふえまし
野にあって万倍にもふえますように。
一四 われらの牛は肥えふとり
子を生んでしくじることがなく
街(ちまた)には助けを求める叫びも聞こえないように。
一五 このようにされる民に幸あれ、
ヤハウェを神とする民に幸あれ。

一四四　讃　美（一四五）

一 ダビデの讃美の歌。
王なるわが神よ、わたしはあなたを崇め、
とこしなえにみ名をほめまつる。
二 日毎にあなたをほめまつり
とこしえにみ名をたたえる。
三 ヤハウェは大いにしていたくたたえらるべく、

その大いなること量り知れない。
四 この世代は次の世代にみ業を語り、
あなたの大いなる力を告げ知らせよ。
五 あなたの栄光の輝きについて彼らは語れ、
奇しきみ業をわたしは歌おう。
六 恐るべきみ業の力について彼らは述べよ、
あなたの大いなることをわたしは伝えよう。
七 あなたの大いなる恵みの継承を語り告げ
あなたの義について喜び歌えよ。
八 ヤハウェは恵み深く、あわれみに富み
怒ることおそく、いつくしみ豊か。
九 ヤハウェはすべての者によく
そのあわれみはすべてのみ業の上にある。
一〇 ヤハウェよ、あなたのみ業はあなたをほめ
聖徒たちはあなたをほめまつる。
一一 あなたのみ国の栄を彼らはのべ
大いなる力を彼らは語る。
一二 人の子らにあなたの大いなる力を知らしめ、

み国の栄えある輝きを知らしめるため。
一三あなたのみ国はとこしえの国、
あなたの支配は代々に続く。
一四ヤハウェは倒れようとするすべての者を支え、
すべてのかがむ者を立たせる。
一五すべての者の眼はあなたを待ち望む。
あなたは時に応じて彼らに食物を与えられる。
一六あなたはみ手を開いて、
生ける者すべてを良きもので飽かせられる。
一七ヤハウェはそのすべての道に義しく、
すべてのみ業に恵み深い。
一八ヤハウェは彼を呼ぶすべての者に近く、
真実（まこと）をもって彼を呼ぶすべての者に近い。
一九彼を畏れる者の願いを満たし
彼らの叫びを聞いて彼らを助ける。
二〇ヤハウェは彼を愛するすべての者を守り、
すべての悪しき者を滅ぼされる。
二一わが口はヤハウェの讃美を語る。

すべての肉なる者はその聖なるみ名をほめよ、
とこしなえに。

一四五　幸いな者（一四六）

一 ヤハをほめたたえよ、
わが魂よ、ヤハウェをほめたたえよ。
二 わたしは生ける限りヤハウェをほめたたえ、
生命（いのち）あるかぎりわが神をほめうたう。
三 世の権力者を頼みとしてはいけない、
身分の高い者でも、——救いは彼にはないのだから。
四 そのいきが出てゆけば、彼は土に帰る。
その日彼の企（くわだ）ては滅び失せる。
五 ヤコブの神をその助けとする者、
その望をその神、ヤハウェに置く者に幸あれ。
六 ヤハウェは天と地を造り
海とその中のすべてのものを造ったお方。
とこしえに真実（まこと）を守り

七虐げられた者に審きを行ない、
飢えた者に食物を賜うお方。
ヤハウェは捕われ人を解き放たれる。
八ヤハウェは目しいた者の眼を開き、
かがむ者を立たせ、
ヤハウェは義しい者を愛し、
九ヤハウェは寓れる者を守り、
みなしごとやもめを支える。
しかし悪人の道を迷路とされる。
一〇ヤハウェはとこしえに治め、
シオンよ、君の神は代々に支配する。
ヤハをほめたたえよ。

一四六　自然と歴史の神（一四七）

一ヤハをほめたたえよ。
げにわれらの神をほめ歌うはよきかな、
げに讃美の歌はわれらの神にふさわしい。

二 ヤハウェはエルサレムを建て
イスラエルの散らされた者を集める。
三 心の痛める者を医し
その傷を包まれる。
四 星の数を数え
そのすべての名を呼ばれる。
五 われらの主は大いにして力に満ち
その智慧はきわめがたい。
六 柔和な者を助けおこし
悪しき者を地に伏させる。
七 讃美をもてヤハウェに答え、
琴をもてわれらの神をほめ歌え。
八 彼は雲をもって天をおおい、
地のために雨を備え、
山々に草を生えさす。
九 獣にその食物を与え、
烏(からす)の子らにその呼び求めるものを与える。
一〇 彼は戦馬(いくさうま)の力を喜ばず

人の脚力をよしとされぬ。
一一ヤハウェは彼を畏れる者と
その恵みを待ち望む者をよしとされる。
一二エルサレムよ、ヤハウェをほめよ、
シオンよ、君の神をほめたたえよ。
一三げに彼は君の門の閂（かんぬき）をかたくし
その中の君の子らを祝される。
一四君の領域（さかい）に平和を与え、
豊かな小麦で君を飽かしめる。
一五彼は地にその詞（ことば）を送り、
その言葉は速やかに走る。
一六彼は羊の毛のように雪を降らし
霜を灰のようにまき散らす。
一七氷をぱんくずのように投げ与え、
その寒さのために水はこおる。
一八その言葉を送って氷をとかし
その風を吹かせると水は流れる。
一九その言葉をヤコブに告げ

その法（のり）と誡命（いましめ）をイスラエルに告げる。
二〇すべての民族（やから）にそうされたのでなく
誡命を彼らには教え給わなかった。
ヤハをほめたたえよ。

一四七　救いの讃美（一四八）

一ヤハをほめたたえよ。
天からヤハウェをほめたたえよ。
高き所から彼をほめたたえよ。
二そのすべてのみ使いは彼をほめたたえよ。
そのすべての兵（つわもの）たちは彼をほめたたえよ。
三日と月は彼をほめたたえよ。
すべての光の星は彼をほめたたえよ。
四諸天の天は彼をほめたたえ
天の上なる水も彼をほめたたえよ。
五これらはヤハウェのみ名をほめたたうべきである。
彼が命じ、これらのものは創られた！

六 彼は彼らを永遠(とこしえ)から永遠まで立て
法(のり)を与えてこれに従わせる。
七 地からヤハウェをほめたたえよ、
竜とすべての淵よ
八 火と雹(ひょう)よ、雪と霧
み言葉を行なう暴風(あらし)よ
九 山々とすべての丘
果樹とすべての香柏よ
一〇 野獣とすべての家畜
這(は)うものと翼ある鳥よ
一一 地の王とすべての君侯(きみ)
司(つかさ)たちとすべての地の裁き人らよ
一二 若き男、若き女も、
老いたるも若きもともに
一三 ヤハウェのみ名をほめたたうべきである。
げにそのみ名のみ高く、
その栄光は地と天の上にある。
一四 彼はその民のために一つの角をあげられた。

これはすべて彼を敬う者、イスラエルの子ら、
彼に近い民のための讃美そのもの。
ヤハをほめたたえよ。

一四八　ハシディムの歌（一四九）

一 ヤハをほめたたえよ。
ヤハウェに向かって新しい歌を歌え、
神を敬う者の集いで讃美の歌を。
二 イスラエルはその創り主を喜び
シオンの子らはその王を喜び歌え。
三 輪舞をもってそのみ名をほめたたえ
彼に向かって歌え、鼓と琴をもって。
四 ヤハウェはその民を喜び
柔和な者に救いの冠を賜う故。
五 神を敬う者は栄光に喜び踊り
その床にあっても歓呼する。
六 神を崇める歌がその口にあり、

両刃(もろは)の剣がその手にある。
七 諸々の民に仇を返し
諸々の族をこらしめるため、
八 その王たちを足枷(あしかせ)につなぎ
その貴人たちを鉄の鎖につなぐため、
九 記された審判を彼らに行なうために。
それはすべて神を敬う者の誉れである。
ヤハをほめたたえよ。

一四九　ハレルヤ（一五〇）

一 ヤハをほめたたえよ。
その聖所で神をほめたたえよ。
その力ある蒼穹で彼をほめたたえよ。
二 その力あるみ業の故に彼をほめたたえよ。
その極めて大いなる故に彼をほめたたえよ。
三 そのラッパの響きをもって彼をほめたたえよ。
琴と竪琴をもって彼をほめたたえよ。

四 鼓と輪舞をもって彼をほめたたえよ。
笛と絃とをもって彼をほめたたえよ。
五 鐃鈸(にょうはち)を打ちたたいて彼をほめたたえよ。
鐃鈸を鳴り響かせて彼をほめたたえよ。
六 すべて息(いき)ある者はヤハをほめたたうべきである。
ヤハをほめたたえよ。

註　　釈

一　二つの道(一)

義人と罪人を対立させているこの詩は、反対説はあるが、ユダヤ教の時代になって都市のデーモス(民衆)がユダヤ的宗教性の本来の荷い手になった紀元前五世紀後半以後に出来たものと思われる。この詩は知恵の詩であるが、ここで律法が中心的位置をしめていることもネヘミヤ・エズラの改革以後を想定させる。従ってこの詩には直接は出てこないが他の関係する詩から考えて、義人は社会層としては身分の低い平民層、手工業者、商人その他、罪人は上流階級を考えさせる。律法の重視は律法を守る者がユダヤ教団という契約団体に属する者と見ることから由来し、契約共同体イスラエルに属する者が当然律法――道徳的、法律的、祭儀的な誡命――を守るべきだ、という旧約本来の見方と対立する(拙著「イスラエル宗教文化史」(岩波全書)参照)。「知恵の詩」については「解説」参照。

「悪しき者」「罪人」(神を)「あざける者」はすでにかなり術語化している。「審き」(五節)は世の終りの審判とすべきか、問題として残る。「ヤハウェ」は旧約の神の固有名。この詩は詩篇一五〇篇の最初に編纂者が意図的に置いたことは明らかである。

二　神とメシヤ(二)

これは「王の詩」(「解説」参照)。「メシヤ」とは膏を注がれた者の意で旧約で王のこと。この詩は王国時代の詩と見てよい。官廷の預言者ないし祭司が王をして語らしめている。七節から見ると王の即位式の時の詩か(王は神の養子となって王位につく)。新王即位の時には外国や従属国の反抗、反乱が起ることがある(一―三節)。しかしこの詩は古代オリエント的な神王、すなわち世界の支配者という考え方の影響を受け、小国ユダの実状には必ずしも合わない(六節の「シオン」はエルサレムの別名故、ユダ王国!)。八節「嗣業」は「所有」とほとんど同じ。神から受けつぐもの。

三　敵の前に(三)

「ダビデの歌」という表題がこの詩で始めて出てくる。ただし実際にダビデ王が作ったかは分からない。「アブサロム云々」につき「サムエル下」一五―一九章参照。この詩は「個人の歎きの歌」(「解説」参照)。作者を将軍あるいは王とする人が多いが、私人でも伝統的な用語を用いる場合が考えられる。四節の「頭をもたげる」は法的用語で、名誉回復の意。八節「頬を打つ」は侮辱的な処罰の仕方。

四　平安(四)

個人の歎きの歌。より厳密には「信頼の歌」(「解説」参照)。三節の「君たち」を詩人に従う人たちと見る人があるが、詩篇を類型的に見る立場からは「敵」と解される。「人の子ら」はオリエントの類似の用法から富める有力者と解す。三節の動詞は敵が理由のない訴えを提起している意味らしい。六節「義の犠牲」神の義を求めるための祭儀的犠牲。「義」二節でもそうだが、詩篇では「救い」の意味が強い。

五　神の義(五)

個人の歎きの歌。神殿の祭儀がかなりの程度はっきりと背景としてうかがわれる(ことに八節)。神殿はソロモン神殿か、捕囚期後再建されたいわゆる第二神殿か分からない。「ダビデの歌」(一節)は歴史的に無理。四節「備える」犠牲や供え物を準備することらしい。一〇節「開いた墓」腐敗した臭気をはなつ意味か。一二節「隠れる」旧約としては珍しく神秘的含意を持つ語。

六　歎き(六)

個人の歎きの歌。歎きの理由は重病か、敵の存在か。詩人はふりかかってきた災いを神の怒りととる。これは旧約では罪に対する神の反応を擬人的に表現したもの。四節「かくて何時まで」歎きの歌によく出てくる定型化した言い方であるが、「希望と絶望の混じた口ごもりながらの呻き」(ワイザー)。五節の最初は、怒りの神はソッポを向いているからである。六節　旧約では死後の世界――陰府はギリシア人のハデースに応ずる――は神の光が照さず、人は影の如く存在し続けると考えられていた。九節以下調子が一変するが、後の附加とするのは当らない。こういう突然の変化は詩人の信仰の大きな特色である。

七　神の審判(七)

「訴えられた者の祈り」の類型(「解説」参照)に属し、この類型は「無罪を主張する詩」であるから、四―六節に「潔白の誓い」(ヨブ三一章参照)が出てくる。四節「この事」とは以下に書いてあること。七、八節は神の箱を玉座とされる戦いの神の描写(民数一〇ノ三五参照)。一〇節「腎」腎臓は聖書心理学では主として感情の座。「心」すなわち心臓は思考の座。一三―一七節　罪はそれ自身に罰を含む。ヘブライ語には独立の「罰」の語がない。

八　創造(八)

「讃美の歌」(「解説」参照)の類型に近いが独自のもの。「自然詩」と呼ぶ人もある。二、一〇節は「われら」は複数で、コーラスを予想し、中間は一人称単数で詩人が語っている。二節「栄光」神のみの持つ尊厳をいう。三節　幼児がその無力のまま神に守られている姿に詩人は神の力を見る。四節「天」を太陽と読みかえる人あり。

九　貧しき者の神(九・一〇)

第九篇と第一〇篇が一つの詩であることはヘブライ語のアルファベットの順で語頭が始められ、それが九篇で終らず、一〇篇によって続けられていることから一番はっきり分かる。その他の点はここでは省略する。ただ一つだけ両篇において「悪しき者」が「異国の民」として共通に出てくること、これは詩篇の「敵」の背景として外国の勢力と結んだ上流階級を考えさせることを注意するにとどめる。この両篇は日本流にいえばいろは歌というべき技巧的なものなので、類型的にも一貫していない。九ノ二―五節は「誓い」、六―一三、一五―一八節は讃美の歌に近く、一四、一九―二一節は「願い」、一〇章は大体個人の歎きの歌の要素が強いが、一六節以下は讃美の歌の調子がうかがえる。三節「いと高き者」は元来は神のカナン的呼称、ダビデ以前のエルサレムの祭儀に遡ると見られる。六、七節　イスラエルのカナン侵入後滅ぼされた先住民をいうらしい。一五節

「娘シオン」シオンを娘として擬人化している。一六節以下現在の異国の民のこと。一九節「貧しき者」第一篇の註釈参照。一〇ノ三後半「ヤハウェをすてて呪う」とあるから悪しき者がただの外国人でないことが分かる。一四節以下は信仰によって救いを確信しているものと解せられる。

一〇　信頼（一一）

信頼の歌の類型と見うる。一節「君たち」詩人に忠告してくれる友人たちを指すらしい。「山に」は急いで、と読む人がある。しかし戦争の時など山に逃げるので、「山に」と読んでおく。三節「基礎」教団の基いらしい。社会の基いともとれる。四節「聖き宮」地上の神殿ではなかろう。六節　創世一九ノ二四参照。

一一　人の言と神の言（一二）

教団の用いた礼拝文と見、一―五節は「民族の歎きの歌」（「解説」参照）、六節は祭司による神託、七―九節は教団の応答の三部からなると見うる。四節「滑らかな唇」へつらいのこと。七節「七度」充分にということ。

一二　いつまで！（一三）

個人の歎きの歌。歎きの理由としては病気と敵が考えられるが、具体的状況の奥に神の前の絶望がある（二、三節）。それが六節では「慰められた絶望」（ルター）にかわる。

一三　愚かな者（一四）

類型的に余り純粋ではなく、一―三節は預言者の叱責の詞に似ており、四―六節は叱責の詞で始まり、預言者の威嚇の詞に似ている(「預言者の詞」については拙著「古代イスラエル研究」〈岩波書店〉一七八—一八五頁参照)。しかし「愚かな者」「賢い者」は知恵文学からきており、全体として歎きの歌の調子をおびている。五節「そこで」義しき者にふれて、ということであろう。

一四　義人(一五)

一、二節に聖所入場の資格を問う参拝者と祭司の答えが形式としては見られるが、直接祭儀の場で用いられたものとしては二節の内容が余りに一般的である。三節から五節二行目までは二節で一般的に述べられていることを具体的に説明している。五節の三行目は聖所入場とは関係ない言い方になっており、この詩を直接祭儀的に解することは疑問である。一節「幕屋」神殿以前の神の現在し、あるいは顕現する場所。

一五　わが幸い(一六)

信頼の歌に讃美の歌の調子(五—七節)が混じている。三、四節はダフドの解釈による。カナンの神々は多産の神々故、四節前半で彼らを呪っていると解す。五節「くじ」実際は小石で、これを投げて、土地の割当てを決めた。六節「はかりなわ」も土地の配分の時に用いる。「嗣業」神から嗣ぐために与えられる土地。土地と関係ない「盃」のことが五節にあるから、土地に関係する語も比喩として、精神化されて用いられていると思われる。「盃」は一般に神から受けるものの意(一一ノ六参照)。一〇節　神の生命に強くふれた詩人は死後の生を信じたと思われるが、どのような生であるかにつき思弁的・神話的には述べていない。「滅びの穴」は陰府の同義語。

一六　わが義をまもる神(一七)

訴えられた者の祈りの類型。夜神殿に眠り、目をさまして自分の潔白が神に明らかにされた、として感謝している。一五節の「目覚める時」は神が目覚める(七ノ七参照)意にとるのはここでは無理であろう。

一七　王の感謝(一八)

個人の感謝の歌。この個人は王。この詩はダビデに遡るかもしれない(サムエル上二二章参照)。三節「角」は力を表わす。五節　死の世界を川や海で表わすのはバビロニアやギリシアに共通する神話的表象。死は詩篇では生理的な死よりも神との隔絶を表わす。八節「天の基い」は天を支えている山々をいう。一一節「ケルブ」半人半獣の形をした神話的存在(創世三ノ二四参照)であるが、ヤハウェが乗られる雲の象徴としてここでは用いられている。五一節では王が三人称で出てくるので後の加筆かといわれる。

一八　神の栄光(一九A)

自然詩。旧約では珍しい創造の世界の啓示を述べている。五節の終りは太陽が海のはてにその臥所なる幕屋を持つという神話的表象。八節以下は一応元来は別の詩であったと解する。

一九　おきて(一九B)

八―一一節　おきてを讃美した歌。一二―一五節　罪からの清めを祈る願い。一二―一五節　個人の歎きの歌の変形。この詩では律法(第一篇参照)は契約と離れていて、それだけとして出てきており、ユダヤ教の律法主義に定着してはいないが、やはり後代の詩と思われる。律法、証し、誡命、掟、言、さばき、と色々に言いかえられており、律法にだけ最後的に総括されてはいない。一三節「あやまち」「かくれた罪」は知らずして犯す弱さの罪。明白な罪は律法を守ることによって犯すことはない、とここでは考えられている。一五節「口の言葉」祈りをいう。「贖い主」罪から救う神のこと。

二〇　王の歌(二〇)

王の詩。二―六節に集団的な歎きの歌、七節以下は個人の感謝の歌の要素があるが、全体が王のための祈りである。即位の時、あるいは新年に王が新しい年の支配を始めることを祝ったものか。六節までは王が呼びかけられ、七節以下王は三人称で出てくる。四節「燔祭」動物を全部焼いて神にささげるもの。六節「旗」神の現在と救いのしるし。

二一　神と王(二一)

この詩の構成については色々の見方があるが、二―八節は感謝の歌、九―一三節は神からの神託、一四節は神に対する願い。一四節は「われら」とあって合唱、二―八節も合唱か。九―一三節は祭司ないし祭儀的預言者によると見、全体に礼拝文を想定しうる。王に関係する何かの祭儀の背景を想定しうる。九節の「あなた」は神よりも王を指すと見たい。四節「冠」即位式ないしその記念式と関係するか。一〇節最初は「あなたのみ顔の時」が直訳で神の代表者としての王のことが読みとれる。カッコ内は「あなた」を神と解しての説明的加筆。

二二　かえられた歎き(二二)

二―二二節前半は個人の歎きの歌、二二後半―三二節は個人の感謝の歌に讃美の歌の調子が混じている。二つの詩と解するは当らない。二二節後半は間投詞的な一語であり、三二節の最後も「まことに」を伴う間投詞的な一句と解し、この韻律を外れた両語の存在からこの詩の統一性を主張したい。二節についてマタイ二七ノ四六、マルコ一五ノ三四参照。棄てた神をわが神と呼ぶ所に詩人の信仰がある。七節「虫」イザヤ四一・一四参照。ウェーバーのいう「虫感情」は人間失格の感情であるが、かえって信仰の前提である。一三節「バシァン」東ヨルダンの一地方で肥えた牛を出した(アモス四ノ一参照)。二三、二六節は救われた者が集会の中でその救いを述べ、感謝のささげ物をし、二七節から見ると共同の食事の席を設けることが誓いの内容らしい。三〇節カッコ内は後人の教義的註。

二三　牧者(二三)

信頼の歌。用いられている比喩には多くの見方があるが、牧者の比喩(一―四節)と客をもてなす主人の比喩(五・六節)と解す。一貫しているのは砂漠の背景。砂漠において羊はいつも色々の危険にさらされ、絶対に牧者の導きを必要とする。四節「しもと」猛獣を追いはらうためのこん棒。「杖」羊を導くための杖。五、六節砂漠で強盗に追いかけられた旅人が天幕に逃げこみ、主人の歓待を受ける。

二四　栄光の王(二四)

一、二節は讃美の歌で、聖所に入られる神を祝って会衆によって言われた言葉。三―六節は聖所に入る者は誰かという会衆の問(三節)と祭司の答え(四—六節)。七、九節は行進してくる者の先頭の者が発する言葉。八、一〇節の最初の行は、聖所の奥から祭司の問。八、一〇節の残りは行進してくる者の答え。このような構成を前提して、この神の入場の具体的背景は必ずしも分からない。秋祭りに神の箱を新たに聖所にかつぎこんだものか、神の箱以外で神の入場を表わしたものか。二節は神が原始の水の上に地をすえて世界を創造したという神話的表象。四節「空しきもの」偶像。

二五　神を畏れる者(二五)

この詩もいろは歌(前出)。技巧的な詩であるため、類型的にも純粋でない。全体としては個人の歎きの歌。信頼の歌(一—七節)、讃美の歌(八—一〇節)、知恵の詩(一二、一三節)の要素が見られる。二、三節「恥」旧約では重要な語。心の分裂(創世三ノ八以下参照)に始まるが、外側にも結果する。七節「若い時の罪」ヨブ一三ノ二六参照。

二六　平らかな地(二六)

訴えられた者の祈りの類型。四節「空しい人たち」「偽りの人たち」偶像崇拝者か、魔術者か。詩人はそれに関連した罪で訴えられているらしい。六節「祭壇をめぐる」は感謝の歌を歌う時の所作か。一二節「平らかな地」神にも人にも責められぬ所。

二七　わが救い(二七)

一—六節は信頼の歌、七—一四節は歎きの歌。しかし別の詩と考える必要はない。一四節は詩人が自らをいましめた言葉か、神の言（救済の神託とする人がある）か。

二八　病者の祈り（二八）

一―七節は個人の歎きの歌。直接神殿の祭儀を想定しうるかも知れない（二節参照）。八、九節は二次的に加えられたもので、問題を神の民とその中心たるメシヤ、すなわち王の問題に移している。二節「至聖所」エルサレム神殿の一番奥の至聖所。七節「若がえる」はダフドの読み方、ギリシア訳、シリア訳によって支持される。この訳をとると、詩人の歎きの機縁は病気かと思われる。

二九　力の神（二九）

讃美の歌。この詩の背後にはカナンの暴風の神、バール・ハダドへの古いフェニキアの讃歌があるらしい。しかし一節「神の子ら」神々のパンテオンの考え方が背後にある。三節以下の「み声」は元来雷を意味する。しかしこの詩はすでに完全にヤハウェ宗教化され、神の子らは天使であり、み声は神の言と関係する。三節「大水」天の蒼穹の上の水（創世一ノ七参照）。五節「レバノン」シリアの山系。六節「シルヨン」ヘルモン山のフェニキア名。八節「カデシ」パレスチナ南方のカデシ・バルネア。

三〇　死より救われた者の感謝（三〇）

個人の感謝の歌。一節の「宮潔め」はアンチオコス・エピファネスが瀆したエルサレム神殿をマカベヤのユダがシリア人から解放し、これを潔めた出来事を祝う紀元前一六五年以来の祭り。この詩がこの祭りに用いられたのは死からの急速な救いが、この時の神殿の解放に通ずるものがあったためか。二節の「敵」は死の擬人化か。一二節「輪舞」祝いの時の最高の喜びの表現。「荒布」悲しみの時身につけるもの。「帯」は男子の服の飾り。

三一　驚くべき恵み(三一)

個人の歎きの歌に感謝、信頼、讃美、告白などの要素が加わり、類型的には混合型。二―九節と一〇―二五節を元来独立の詞とし、または二つの部分がパラレルだ、と見る人が多い。しかし二―九節で従来過去に訳された箇所はヘブライ語動詞の性質上必ずしもそう解する必要がないので、九節までで詩人の問題が一応解決し、一〇節以後また新たにくり返されるとはわれわれは解さない。しかし詩人が非常に激情的で、一定の思想を追ったり、形式にしばられないことは言える。それとも関係し、この詩に直接祭儀の背景を想定し、例えば二〇―二五節に祭司の救済神託を想定する見解にわれわれは賛成しない。六節前半はイエス、ポリカルポス、ルターが死の前に祈った有名な言葉。一四節「恐ろしいことが周りにある」はエレミヤ書にしばしば出てくるが、危険を避けることが出来ない、という意味の諺であろうか。一六節「わが時」人生の諸段階の意味か。「時」は複数。二二節「防備せる都」天にある神の住居か。

三二　赦された者の幸い(三二)

一―七節は感謝の歌、八―一一節は教訓詩の類型に属する。「背き」「愆」「罪」は同義語で、元来原語の意味に少しずつ相違があるか、この詩ではその相違は余りはっきりしない。三、四節で詩人は熱病にかかっていたと見る人があるが当らないであろう。罪の悩みも体の不調にまで及ばなければ、まだまだ甘いものである。五節の「転換」を招来する「告白」を神殿で行なわれたと見、八節以下を神殿の祭司の言葉と見るべき必然性はない。罪の告白という元来祭儀から生れた形式はここでは詩人と神との直接の関係として述べられているように思われる。この告白は神との深い人格的関係からなされていると思われる。罪の赦しの深い経験なしには神は抽象的観念に過ぎない。

この詩の限界は「敬虔な者」と「悪しき者」が分けられていることで「義人にして罪人」Simul justus et peccator というルター的告白とは異なる。八節以下で詩人は敬虔な者として教訓をたれる。譬を用い、諺を用いるのも、「君」という呼びかけも知恵の教師のやり方にならったものである。

三三　神讃美(三三)

讃美の歌。始め(一―三節)と終り(二〇―二二節)が祭司により述べられ、中心部(四―一九節)がコーラスにより歌われた、と見る人がある。新年に創造者なる神を讃えた歌という背景を考える人もある。新年は神との契約の更新の時でもあるから「新しい歌」(三節)もそこから解しうる。七節の「海の水」「原始の水」は神話的表象(創世一ノ二の「原始の海」と訳したものと同じ)。原始の混沌の水が上下に分けられ、下の水は「かめ」に入れられ、上のは「倉」に入れられたという表象。一六節「王」この詩の歴史的背景がよく分からないので具体的には不明。

三四　貧しき者の幸い(三四)

個人の感謝の歌であるが、一二節以下は教訓詩の色彩がこい。九・一〇篇でふれたいろは歌であるが、二三節はそれからはみ出し、後の附加。一節の表題も後の附加、アビメレクはアキシの間違いらしい(サムエル上二一ノ一一以下参照)。一五節「栄」は神の恵みという程の意味。

三五　義とされるための祈り(三五)

一応「訴えられた者の祈り」の類型に属するように見えるが、感謝(九、一〇節)や讃美(一八節)の調子もまざるのみでなく、戦争の用語も多く、余り純粋な類型とは言えない。さらに一〇節の「骨」や一三節は詩人の病気を暗示するようにも見える。一三節のダッシュの中は詩人は敵の病気の時執成し祈ったのに、敵は自分が病気になると自分を苦しめてやまないので、かつての自分の祈りが自分に帰ってくるように、ということらしい。

三六　生命の泉(三六)

類型としては混合型で、個人の歎きと知恵の詩、讃美の歌の要素がまざる。八節の「翼」は至聖所の神の箱の上のケルビムの翼と結びつけられ、九節の「あなたの家」は一応神殿との関係を示すが、この詩は直接祭儀的背景と結びつけて見るべきではなく、「生命」「光」などとともにシンボリカルな用語として見るべきであろう。一〇節の「光にあって」とは神の現在の中に、の意(なおゼカリヤ一四ノ七を参照)。

三七　心を悩ますな(三七)

原文はいろは歌。知恵の詩。二五節から見て作者は老人らしい。この世界に悪ないし悪人の存在するという問題に実際的解決を与えようとしている。応報の教理を説いてはいない。悪人の最後について一義的に述べてはいない。悪人に一応審判の日が臨むと見ているが(一三節)、厳密な終末論というべきものではなく、早かれ遅かれ悪人は除かれる、というのが全体の見方である。積極的には神に信頼して心を悩ますな、心を悩ますこと自身が悪となる、という。しかし悪をただ黙って甘受せよ、というだけでなく、善を行なえともあるが(二七節)、これが余り強調されていないのは、善を行なうことが絶対化される時、かえって争いを生じ、悪になるからであろう。善をイデオロギーや理念としてでなく、神の律法の問題としてみていること(三一節)がそれと関わるであろう。

三八　主体的真実(三八)

個人の歎きの歌であるが、罪の問題を中心とする。詩人の「敵」は応報思想に立ってヨブの友のように詩人を攻め、詩人はこれに反発しつつ、彼自身は神の前なる自己の罪を認めて、救いを求めている。一節の「アズカラー」は最近のショトロフの見解では、神の名を呼びつつ献げられる献物の一部をさし、ここでは、そのような献物の献げられる時のための詩、という表題としておく。三節以下は詩人の病い、ことにハンセン氏病を考えさせる。詩人はこれを神の怒りと受けとる。神の怒りは単なる神話的表象ではなく、詩人の実存的苦闘を神の側から把えたものである。

三九　光を求めて(三九)

個人の歎きの歌であるが、詩人は神に歎き訴えることをおさえている所にこの詩の特長がある。神に訴えることに含まれる、ひそかな神への反逆をおそれたからである。しかしおさえきれなくなって神に向かって語り始める。一節の「イェドトン」はダビデの楽隊の指揮者(歴代上一六ノ四一、二五ノ三、六参照)。八節は一二節の後に持ってきた方が続きがよい。一〇節でふたたびおさえ、さらに新たな願いに移っている。

四〇　かえりみ(四〇)

二—一二節は感謝の歌、一三—一八節は個人の歎きの歌の類型に属するが、一四—一八節は第七〇篇にほとんどそのまま出てくる。それ故二—一二節の詩に後の人が七〇篇を用い、一三—一八節を加えたと見られる。感謝の歌の次に歎きの歌がくるのは統一ある詩として始めからこの詩を解することを困難にするからである。一三節と一八節の一部にこの後の人の加筆を見ることが出来る。一八節の「かえりみる」は名詞の形で六節に出てくる(なお七〇篇を参照)。八節の「書の巻」は九節からみて「律法の書」であろう。

四一　神の現実(四一)

一四節は詩篇第一巻の終りにつけられた頌栄(「解説」参照)。文学類型ははっきりしない。五—一一節は個人の歎きの歌。この詩全体をそうみる人もあるが、二—四節、一二—一三節は感謝の歌の要素が強い。詩人が魔術的世界と闘っている点にこの詩の特長がある。「言葉を慎しむ」(二節)は言葉を悪用すれば呪いとなるから(六節以下参照)。「敵の心」(三節)も心と訳した原語ネフェシュは旧約の人間観で特色ある語で魂の力の座であり、人を呪い、あるいは祝すれば、その通りになると古くは考えられていた。八節の「ささやく」も魔術的世界に関係する。一〇節「くびすを大きくする」は原語の直訳で、意味が必ずしもよく分からないが、やはり魔術的世界につながる何かのしぐさであろうか。

四二　待ち望み(四二・四三)

四二、四三篇が元来一つの詩であることは畳句が共通なこと(四二ノ六、一二、四三ノ五)、四三篇に表題のないことなどから知られる。この詩では珍しく詩人の所在が七節から知られる。すなわちパレスチナの北のヘルモン山のふもと、ヨルダン川の源流の地らしい(「ミツァルの山」は「小さい山」を意味し、このあたりの山が普通名詞から固有名詞になったのであろう)。文学類型としては個人の歎きの歌に巡礼の歌の要素が加わっている。四三ノ三から知られるように詩人は「聖なる山」シオンと神のみ住居なるエルサレムの神殿における神の現在に与ることを待ち望んでいるのである。

四三　ほふられる羊(四四)

二―四節は讃美の歌の要素強く、五―九節は信頼の歌の調子が強いのに対し、中心部である一〇―二七節は詩篇にそれ程多くない民族の歎きの歌の類型に属する。過去の神の救いの業を讃美し、それに接続して一般的に信頼の告白をした詩人は一〇節以下の本論では現在の苦しい絶望的状況の中でただ神の契約に固執しようとする。具体的な歴史的背景としては捕囚の時代を考えさせる。「山犬のすみか」(二〇節)はエルサレムの廃墟をさすであろう。

四四　王の結婚式の歌(四五)

宮廷の預言者による神託の形をとっていることが二節と一八節のこの詩のわくから一応推定される。三節の「恵み云々」、七節の「神よ」(これを訳としては「神の如き者よ」とした)から見て、オリエントの神王イデオロギーがかなり直接影響していると思われる。神王イデオロギーとは神的起源を王に想定するもので、イスラエルでも宮廷においては少なくもある時期にオリエント的なこの見方が宮廷の神学において受け入れられた、と思われる。八節の「油を注ぐ」は王とすることで、結婚式は即位後まもなく行なわれたという事情を反映するか。一〇節「オフィル」はアラビヤの南西海岸か、ソマリー・ランドと見る説が強い。よき金の産地として有名。一一節の「あなたの民」への言及、一三節の「ツロの娘」から王妃はツロ出身と考えられる。一四節の「王の娘」は韻律の関係その他から「彼女」への註であろう。

四五　神はわが櫓(四六)

類型は一義的に決められない。讃美の歌、集団的な信頼の歌、終末的なシオンの歌といえる。四節の「大水」は原始の大水。五節の「川」は水に乏しいシオン(エルサレムの別名)には直接合わないが、ウガリット神話や創世記二章の園には川がある。九節以下は終末の世界で、歴史の完成した姿は平和である。

四六　神の支配(四七)

王ヤハウェを歌う讃美の歌。聖所で王位に即かれる神への祭儀的な歌か、九節前半は終りの日の待望としてのみ言えることなので、ユダヤ教で世の終りへの期待を歌った終末的な歌と解すべきであろう。この九節前半の言葉は他にも見られる(九三ノ一、九六ノ一〇、イザヤ五二ノ七等)ので、ヤハウェの即位式の祭りというべきものの背景を考えさせるが、この祭りについては学問上色々問題がある。二節の「手を打つ」につき列王下一一ノ一二参照。六節の「ラッパ」につき同九ノ一三を参照。

四七　神の都(四八)

讃美の歌。シオンとの関連での神讃美故、シオンの歌の類型に入れることも出来る。一三節以下などから神殿の祭儀との実際上の関係が想定されよう。五―八節の叙述は神殿に集った集団が終りの日の喜びを先き取りしているのか、世界生成神話に出てくる創造神と混沌の怪物の戦いを歴史化した形で祭儀において述べているのか。あるいは五―八節は実際に歴史において起った出来事――紀元前七〇一年のアシリアのセンナケリブ来襲の際のエルサレムの奇蹟的救い――を一般化して述べているのか。

三節「極北の山」は神話的表象、イザヤ一四ノ一三参照。八節「タルシシ」ヨナ一ノ三参照。「タルシシの船」はタルシシとの通商のための大船。一二節「ユダの娘たち」エルサレムに属する町々、村々。

四八　死の謎(四九)

知恵の詩、教訓詩。詩人は霊感を受けた者として人生の謎を解こうとする。五節の「琴にあわせて」とはエリシアの故事(列王下三ノ一五)から見て、神の霊を求めて、ということであろう。詩人は具体的に権力者の前に恐れる自分の問題性から入ってゆき、死の謎にゆきあたる。八節は地上の裁判では賠償金を出して死を免れることも出来るが、最後の死に対してはそうはいかない、ということ。一五節後半は原文不明の所を強いて訳出したので、カッコに入れた。一六節の「贖う」は早死することから免れさせるというだけではないであろう。しかし「復活」の確信をはっきり述べているとも言えない。死の力からの解放を述べているが、その結果どのように神と結びつくかは書いてないのだと思われる。謎は謎として残るが、恐れからは自由にされる。

四九　神を忘れる者(五〇)

この詩は類型的に一義的に断定しにくい。祭儀的預言者の役割りを想定し、あるいは法の伝達者というモーセ的職の荷い手をこの詩の背景に見る人もある。イザヤ六六ノ一―四に見られる反祭儀的傾向(拙訳「イザヤ書下」の当該箇所を参照)に通じ、ことに本論や結論には、預言者の審判の詞、叱責の詞、預言者的トーラー(これらの類型につき拙著「古代イスラエル研究」〈岩波書店〉中の「ヘブライの文学」、一八三頁、一八八頁参照）の影響が強い。一―六節の序論は神顕現の叙述であるから、なんらかの程度に祭儀的背景の影響があることは疑えない。

一六節の最初は後の附加と多くの人が見る。「悪しき者」は五節の「聖徒」に対するが、五節の「聖徒」は皮肉であり、本論の前半（七―一五節）も聖徒に言われた言葉ではない。本論後半（一六―二二節）も同じ人々に別の角度から述べているので、特に「悪しき者」にのみ向けられてはいない。二三節は結論で、前半は本論前半の「犠牲」を、後半は本論後半の「誡命」を中心に述べている。

五〇　砕かれた魂（五一）

個人の歎き歌の要素が強いが、悔改めの詩でもあり、類型をはみ出している。前半で原罪的とも言うべき罪の深い認識と告白をし（八節まで）、後半では神の恩恵による救いを祈願している。二節につきサムエル下一一、一二章参照。この反祭儀的傾向（一八節）などからこの詩を今日ダビデの作とする人はほとんどいない。九節「ヒソプ」香り高き植物で、癩病の潔めに用いた（レビ一四ノ四以下参照）。一〇節「骨」人間の中心的部分として。一六節「血を流した罪」他の人から加えられる暴行ともとれるが、やはり自分の犯した罪の悲惨を想い起こして言っているらしい。二〇、二一節は後の追加。一八、一九節の祭儀不要は神殿の再建されない時代のことだ、と説明する。

五一　悪人の滅び（五二）

この詩の類型の問題はかなり特殊なので、「不敬虔者に対する預言者的勧告」（マナテイ）ということに一応しておく。この種の詩が形式的にも内容的にも預言者の影響を受けていることは認めうる。しかし一〇節には信頼の歌の要素が、一一節には讃美の歌の要素が強い。

二節につきサムエル上二二ノ九以下参照。七節の「天幕」を一〇節の「ヤハウェの家」すなわち神殿と解すべきではなく、悪人の住居のことであろう。

五二　愚かな者（五三）

この詩は第一四篇と同じものである。ただテクストの伝承が少し違っている箇所があり、ここでは原文の相異を出来るだけ生かして訳した。いわゆる本文批判の問題としては同一の原文に近づけるべきであるが、ここではかえって相異をそのままに可能な限り残した。

五三　敵の滅び（五四）

三―五節が個人の歎きの歌、七―九節が個人の感謝の歌、六節が信頼の告白で、前半と後半とを結んでいる。二節につきサムエル上二三ノ一九参照。五節の「高ぶる者」は本文は「外国人」とあるが種々の理由から原語をわずかに読みかえて読む。

五四　神への逃亡（五五）

この詩はそのままでは思想の統一性がなく、一九節後半から二四節を別の詩とする人がある。われわれは二一、二二節を一五節の後につづけ、統一ある詩として読みたい。歎きの歌であるが、一〇節以下に「町」のことが敵との関連で出てきて、純粋に個人的でない要素がある。ただこの町がどこの町か分からないので、この詩の背景がよくつかめない。二三節を祭司を通じて詩人に与えられた神託と見る人があるが当らないであろう。

五五　さすらい(五六)

個人の歎きの歌。直接祭儀的背景と結びつけないで、一般的に精神化された表現と見る方がよい。一三節はこの詩が祭儀に用いられるようになってからの加筆と見たい。一二節から一四節に続けた方が自然である。九節の最後も旧約の後代のものに見られる天にある神の書の表象で、後の加筆であろう。著者の長い魂の彷徨を神が数え、その流した涙を神が皮袋にたくわえ給えという意味深い祈りとは内容的にも異質であろう。一一、一二節は五節のくり返し。畳句である。それ故一一節二行目は間違って重複したもの。なお一節最後のダビデの故事につきサムエル上二一ノ一一以下参照。

五六　主体的信仰(五七)

歎きの歌で始っているが、始めから信頼のモチーフが強く出ており、後半の感謝の歌――それに讃美が加わる――に全体として重点がある。一節後半につきサムエル上二二以下を参照。九節の「しののめを呼びさまそう」は単なる叙情でも、神話的表象でもなく、詩人が「心を定め」その魂の夜の闇を破って朝の光に立とうと決意する主体的信仰を表わす。この節の始めの「わが栄」は「わが魂」のこと故、詩人は自らの心と戦っているのである。一二節はこの詩の結尾としてふさわしいが、六節ではまだ場違いであり、それ故六節は詩の畳句として間違って入れられたもの。

五七　審き給う神(五八)

嘆きの歌に近いが、個人または集団が中心に出てこない特殊な詩で、前述の「不敬虔者に対する預言者的勧告」か。二節「神々」種々の解釈があるが八二篇から見てこう解する。天の宮廷の神的存在で、彼らが地上の裁判を司っている、と見ている。三節の「秤」もエジプトの神話に由来し、裁判に関係する(ヨブ三一ノ六参照)。四節以下の「悪人」はこの神々に動かされて、地上を支配している(四節以下)。悪人は神々と組んでいるから通常の呪術者では倒せないが、唯一の神はすべてを審き給う、という。この詩は宗教的熱狂主義から発する復讐の願いと解するより、詩人を義を飢えかわくように求め、預言者的な願いを呪いすれすれの所で祈りとして述べていると解すべきではないか。

五八　王の戦い(五九)

詩人はユダの町に住みつつ、異教徒がこの町に駐屯している状況で苦しんでいると一応想定される。詩人は町の代表者、恐らく王である。戦争用語が重ねられ、ただの比喩的用法ではないと見られる。一節後半のサムエル上一九ノ一一との関連は二次的。類型的には嘆きの歌に信頼の要素が加わっている。

二節以下の敵、六節の「裏切者」は異教徒と組んでいる同胞の中の敵と解した方が自然であろう。一五節は七節のくり返し、一六節は説明的加筆らしい。八節の「口からあわをふく」は人を中傷すること。一八節は一〇、一一節のヴァリエーションで二次的であろう。

五九　われらの助け(六〇)

三―七節、一一―一四節は民族の嘆きの歌、八―一〇節は神託である。二節につきサムエル下八参照。一一節に「エドム」が名ざされ、「堅固な町」は意味上エドムの町ボツラを指すらしい。ユダの滅びの時、エドムに逃げた者のあったことが他からも知られるから、三―五節と考え合わせ、五八七年のエルサレムの滅びをこの詩の背景として想定しうるかも知れない。六節は戦いに生き残った者のために、神が旗を立て、彼らを集めて、敵の追跡を逃れさせる、ということ。残れる者の思想。八―一〇節の神託はイスラエル諸族の地、その周辺の地に対する神の主権をもう一度確認し、これを与えることを約束している。

六〇　陰府のふちより(六一)

六節までは典型的な個人の歎きの歌。七節以下突然「王」のための祈りが出てくるので、後の附加とする人もあるが、メソポタミアの祈りでもこれに似たような王の長寿を突然終りに祈る例がある。

六一　神を待つ(六二)

個人の信頼の歌(ことに二―八節)。九―一一節は教えの要素が強いが、内容的には信頼を他の人にすすめたもの。七節は六、八節を二、三節の畳句のように解した後の人の插入と解す。二、三節と六―八節は本文が間違って二度くり返されたとは解さず、二、三節と一二、一三節はこの詩のわく
をなす、と解したい。一二節の「一つのこと」は神の力、「二つのこと」はそれに加えられた神のいつくしみのこと、と見られる。

六二　生命にまさる恵み(六三)

個人の歎きの歌であるが、感謝や信頼の要素が強い。一二節の「王」のことにつき六一篇参照。二節で「魂」と「肉体」が分けられ、その肉体までが神をしたう、とあるのは著しい。それに応じ、四節では「生命」と「恵み」が分けられている。旧約では恵みは生命の拡充と普通考えられるが、恵みはここでは恵み自身として求め

られている。生命は多分に自然的なものを残すが、ここでは旧約の通常の見方が越えられているのである。六節「髄」動物の一番脂肪のつまっている所として最上の御馳走。

六三　審き(六四)

個人の歎きの歌。八—一〇節の神の審判はすでに起こったこととしてか、詩人の呪いの言葉として解すべきかが争われるが、われわれはそのどちらでもなく、七節で表白されている神への信仰から当然出てくる帰結を述べたものと解する。

六四　神の恵み(六五)

この詩については種々の見解があるが、六—一四節を讃美の歌とし、二—四節がその序として加えられたとする最近のクリューゼマンの見解が一番分かり易いであろう。ただこの「序」と本論は内容上は必ずしもよく続かない。また本論も六—九節、一〇—一四節でやや主題が違う。

六五　祈りを聞かれる神(六六)

一—七節は恐らく合唱隊の合唱の部分で、八—一二節は民族の感謝の歌、一三—二〇節は個人の感謝の歌。旧約では共同体と個は分けることができないので、前半の「われら」と後半の「わたし」は必ずしも対立しない。六節の「海」は葦の海、すなわち紅海、「流れ」はヨルダン川らしい。ヨシュア四ノ二三でも「紅海の奇蹟」と「ヨルダン渡渉の奇蹟」とを並べている。「その所」はヨルダン渡渉直後のギルガルの聖所のことらしい。一〇—一二節はカナン侵入直後の戦いか、国家の滅亡と捕囚および捕囚からの解放か、おそらく後者を歴史的背景として考うべきであろう。一三節以下は神殿を中心とする。一〇―一二節のわれわれの理解を前提すればいわゆる第二神殿を想定させる。

六六　祝福(六七)

この詩は多くの人の主張するように収穫およびその感謝を中心とすると見るよりも、祝福を中心とする「祝福の歌」に讃美の調子が混じているもの、と見ておきたい。四、六節を畳句と解するので、八節にも続けて同じ句を想定したい。

六七　シオンに在す神(六八)

この詩の解釈は大いに争われるが、われわれの見解だけを述べる。二、三節は全体の序、内容的には願いではなく告白と解したい。続く四―七節は讃美。八節から過去の救済の歴史が描かれる。一〇節後半は最初のカナン定着ではなく、捕囚以後のパレスチナへの二度目の定着が少なくもともに含意されている。しかし八、九節は荒野時代のことである。一二―一五節にもデボラ、バラクの戦い(士師四、五章)との関連があるとともに、詩人の同時代者に神の戦いへの参加を求めているものと思われる(一四節の「鳩」はイスラエルの民のシンボルで、圧迫され、苦悩を負う民が今や多くの宝を得て戦いから帰還する姿である)。一五節の「そこで」は原語ではおかしい。「黒い山」はデボラの戦いに関係するタボル山と解す。次の一六―一九節はこの詩で重要な段落であるが、一九節最後は原文不明。一六節の「蛇の山」(この解釈はオルブライト)はタボル山らしい(モーヴィンケル)。タボル山はおそらく古い支族連合の聖所のあった所で、この山、その他の北方の山々が一七節の「ヤハウェの山」すなわちシオン・エルサレムと対比されているというのが、われわれの解釈である。二〇―二四節はエルサレムにいます神の救いをたたえていると思われる。二三節につきアモス九ノ三参照。二五―二八節は一八節と同じくヤハウェがシオンにこられた時のことを祭儀の背景から歌っているが、問題は何故二八節に特に四つの族が出てくるかである。ベニヤミンは北方諸族と南方のユダの間に位置し、北方諸族の代表たるゼブロンとナフタリをエルサレムに連れてきた意味で出てくるらしい。ゼブロンとナフタリはデボラ戦争で主たる働きをした族であり、タボル山からシオンの山への歴史の推移を中心とするこの詩において、この二つの族とベニヤミンが出てくるのはよく理解しうる。ユダは南方の代表である。この詩の成立は北方の諸族がエルサレムの勢力下に立つにいたった紀元前四世紀頃の状況を考えさせる。この世紀の前半エジプトは時々シリア・パレスチナを攻略した。そこから当時の主な敵として三一、三二節にエジプトが出てくることが理解されよう。「葦の茂み」はナイル川を指すと思われる。三二節の「クシ」はエチオピアで、三〇節の「王たち」はエジプト、エチオピア、パトロスなどの支配者であろう。二九節の「建てられたもの」を第二神殿と解すると歴史的背景に合う。三三―三六節は讃美の歌の調子で全体をしめくくっている。結局この詩はタボルの聖所の神がシオンに移られた長い歴史を回顧し、紀元前四世紀頃の困難な時代にシオンにいます神への信仰を告白した特殊な詩である。

六八　神の家への熱心(六九)

大部分は個人の歎きの歌、三一節以下感謝の歌。一〇節から捕囚期後の神殿再建のための熱心家の一人を一応想定したい。しかし信仰的熱心には人間的なものが混じやすく、神との正しい関係が必ずしも回復しない。ここにこの詩人の苦闘がある。しかしその苦闘を通り詩人は自己の熱心をすてて信仰的にも貧しき者となって神に感謝している。

六九　たすけ(七〇)

この詩は四〇ノ一四―一八と大体同じであるが、原文を出来るだけ生かして訳した。

七〇　贖われた魂(七一)

一―八節、九―一六節、一七―二四節の三部に分かれるが、第一、第二部とも歎きで始まり、喜びと讃美で終り、第三部は讃美の形の感謝が主であるが、歎き、願いが混じている。この詩人は老年を迎えようとしていることが、九節、一八節から知られる。また第三部から、詩人はイスラエルの救いの伝統の中にあってそれを宣べ伝えてきた人であることが推定される(一七、一八節)。二〇節では死後の生を言っていると解される。

七一　秩序としての義(七二)

一八、一九節は詩篇第二巻の終りにつけられた頌栄であろう。二〇節はさらに三―四一、五一―七二篇の「ダビデの歌」がここで終ったという但し書きであろう。

一―一七節の類型は王の詩。即位の時に用いられたものらしい。王はイスラエルでは、神の代表者として救済者(メシヤ)的色彩を自然に帯びる。「義」「生命」「平和」などが王によって地上にもたらされる。その中心にあるのは「義」であるが、「義」は少なくもこの詩においては最近のシュミットの主張する「世界秩序」の意味が強い。これはシュメールに始まる古代オリエントの考え方をイスラエルがカナンから採用したものである。ただオリエントでは、世界秩序は静的で、体制的、保守的であるのに、イスラエルでは砂漠以来の歴史的要素が加わって動的色彩を帯びる。一〇節の「タルシシ」は地中海のどこかに、「シバ」は南アラビアに、「セバ」

も南アラビアか東北アフリカに求むべきである。一六節の「レバノン」はシリアのレバノン山に生える大樹のこと。

七二　近き神(七三)

一七節の「奥義」と訳した語は「聖所」とも解されるので、最近はこの詩を祭儀的背景から解する人が多いが、当らない。また教訓詩とするのも不充分で、教えの要素は二次的である。具体的な経験の叙述が主で、感謝や信頼の要素が混じ、類型的にも混合的である。この詩には「心」という語がくり返されている(ブーバー)。心の細かい動きはこの詩の中心的なことである。一五節の「あなたの子らの世」で「あなた」は神であり、今の世代ということ。具体的には詩人は年長者で、自分より若い人たち、ということであろう。詩人は幸福な悪人の存在から一度神義論的な深い懐疑におち、最後に近き神への確固たる信頼に達した。

七三　民の歎き(七四)

民族の歎きの歌。五八七年以後、第二神殿が出来るまでの期間を一応その成立年代と見ておく(三、九節などを参照)。しかし一二—一七節では詩人は政治的状況から離れ、創造者なる神への信頼と讃美を述べている。四節「しるし」軍旗の如きものを指すらしい。九節の「しるし」は祭儀的な救済のしるしであろう。一三節以下の「海」「竜」「レビヤタン」はみな原始の海の怪物で、この怪物が征服されて、この世界が創造の秩序にもたらされた、というオリエントの神話が用いられている。

七四　盃(七五)

この詩をヤハウェの即位式とか、神命裁判後の感謝祭とかいう特定の祭儀の背景から解することは当らない。文学類型としては色々な要素からなる混合型であるが、神託や預言者的な警告の言葉から預言者的礼拝文と見ることも実際に礼拝で用いられたとは思われないので賛成しえない。詩人は悪人の存在に悩まされつつ、神の審きと救いについての彼の信仰を語ったものと見たい。

三、四節は神の言葉、五―八節で預言者にならって警告といましめが語られる。七節の砂漠は南方故、高くされることは北から、ということになる。北は「恐るべき者」の臨む方向。九節の「盃」はエレミヤ以来の怒りの盃の隠喩である。「蜜をまぜた」は怒りとは矛盾する。しかしそこにかえって隠喩の機能がある、と思われる。怒りと矛盾する救いが暗示されている。七、八節にすでに審判による救いが暗示されているのと応ずる。一〇、一一節は結論。一一節も神託と解す。

七五　平和と審き(七六)

類型はシオンの歌。しかしセンナケリブの来寇やマカベヤ時代の出来事からのみ解するのは叙述が一般的過ぎるので当らないであろう。八節以下はことに終末論的な世界審判を述べている。一般的な祭儀的伝承が用いられていることも否定しえない。結局歴史的・祭儀的・終末論的観点が混合して、シオンを歌っているものと見たい。歴史との関連は四、六、七節に、祭儀的背景との関連は一二節に明らかである。この詩全体をシオンの歌と解すると、二節の「イスラエル」は支族連合の伝統を荷うものとしてのイスラエルであろう。ユダと対立する北王国とは解しにくい。三節「サレム」はエルサレム(創世一四ノ一八参照)。一二節の「誓う」は神に願をかけ、それが聞かれた時、献物などをささげることを誓うこと。

七六　神のみ業(七七)

一―一一節は個人の歎きの歌、一二節以下は讃美の調子が強い。しかし一つの詩と見たい。だが一一節に一つの転換点がある。五節の「瞼をおさえ」は詩人の不眠の状態をいうと多くの人が解す。神のみ心が変ったと思ったことが神への不信の極であることに気づき後半の讃美に移る。一八節の「矢」は一九節の「稲妻」のこと。一九節「車」は神の顕現の際の随伴現象(エゼキエル一〇ノ二、六など参照)。二〇節は紅海の奇蹟をいう。

七七　選び(七八)

知恵の詩、讃美の歌、感謝の歌の要素の混じた「歴史の詩」。四三―五一節は二次的追加らしい(「彼ら」はその前後と異なり、エジプト人のこと)。荒野の歴史が述べられた後、一二節以下の出エジプトの問題に戻っている。この詩で北イスラエルの長い不信の歴史が描かれ、最後の短いユダの歴史では神の選びのみが語られている。九節は色々に解されるが北イスラエルが神の戦いを始めから放棄したことを非難し、それが六七節で神が北イスラエルを棄てられたことに応じていると解す。一二節「ゾアン」ナイルのデルタにあるタニス。五一節「最初の力の実」は首子のこと。五四節「山」カナンの地全体が山地だから。五八節「高い所」カナンの神々の聖所は高い所にあった。六〇節「シロ」エレミヤ七ノ一二、二六ノ六参照。この詩はイスラエルと対比したユダの叙述が短か過ぎて尻切れとんぼのように見えるが、イスラエルの罪とその処罰を警告としてユダが神の選びにのみ頼るべきことを奨めたものか。

七八　み栄のために(七九)

民族の歎きの歌。五八七年のユダの滅亡を前提とするがその直後ではないらしい(五節参照)。この詩は「あなた」で一貫する。旧約において祈りは神との「対話」ではなく、二人称なる神の前に心を注ぎつくすことなのである。古代の祈りは総じてそうであった。

七九　イスラエルの回復(八〇)

民族の歎きの歌。北王国滅亡後(三節にあげられている北の諸族を参照)の詩であろうが、今も外敵に脅かされているので、ヒゼキヤ時代ユダで成立した詩か。一八、一九節はヒゼキヤの宗教改革から解しうる。二節「ケルビム」はエルサレム神殿との関連を示すと解す。九節「葡萄」ホセア一〇ノ一、エレミヤ二ノ二一参照。一三、一四節　アシリアに貢を入れるにいたったヒゼキヤ時代と関連するか。

八〇　従順(八一)

一―六節二行目は讃美の歌、六節三行目以下預言者を通じて語られる形式。一つの詩と解すれば礼拝においての二つの部分として、全体を礼拝文と解するが、実際に神殿で用いられた、というより、捕囚期(後)にその形式をまねた作と解す。内容的に形式的な礼拝や祭儀への批判を含むと解す。七節「かご」建築材料を運ぶための道具としてエジプトの苦役と関係する。八節「メリバ」出エジプト一七ノ七等参照。一一節「君の口云々」神の言葉を与えられることか。

八一　ヤハウェと神々(八二)

この詩で「神々」はヤハウェと人間世界の中間にあって、人間世界を直接支配しているのはこれらの中間存在だと見ている(ブーバー)。今日的に言えばイデオロギーとか世界観がそれに当る。否、人間自身が小さき神々なのである。五節はこの世界の根本が狂っている、ということ。一、八節はわくで、二—七節では預言者的な文学類型が用いられる。

八二　祝福と呪い(八三)

民族の歎きの歌。一〇節以下呪いであるが最後の三行(位置を入れかえる)は祝福を祈っていると解す。七節以下から歴史的背景を確定する試みはうまくいかないので、諸国民を自由に並べているものと解す。九節「ロトの子孫」創世一九参照。一〇節　士師四、五章参照。一一節「エン・ハロデ」士師七ノ一からの推読。一二節士師七ノ二五、八ノ五参照。

八三　恩恵(八四)

シオンの歌。讃美、歎き、執成しの要素がある。二節「万軍のヤハウェ」エルサレムの神の呼称。「万軍」は天の衆群か、地上の軍隊か。三節「前庭」神殿の。七節「バカの谷」地理的に不明。エルサレムへの道の荒れはてた谷であろう。

八四　転換(八五)

五―八節は民族の歎きの歌、九―一四節はそれに対する神の答え。二―四節は問題であるが、五節以下の前提としてのバビロニアからの帰還を序論的に述べ、五節以下帰還後も新たな問題に直面している状況と解す。全体が礼拝文的である。

八五　貧しき者(八六)

個人の歎きの歌。一二、一三節を感謝の歌の類型に属するものとし、これを最後にもってゆけば、全体のしめくくりとしてよりよくととのう(シュミット)。そのほか八―一〇、一五節に讃美の調子が混じているし、願いの部分が長すぎる(二―七、一一節)。一四節以下「敵」が出てくるが、詩人は貧しい者なので、それと対立する支配階層であろう(エズラ・ネヘミヤ改革以後の状況と解す)。

八六　シオンへの集中(八七)

シオンの歌。ただし霊的意味でシオンをたたえていると解す。エズラ・ネヘミヤによるポリス・エルサレムの成立、その際のシュノイキスモス(強制集住)による住民登録の表象が背後にある、とわれわれは解す。多くの位置の入れかえがされるが、われわれは六節のみを移す。六節の「かしこで生れた」というのはエルサレムでの住民登録の際の出身地の登録と解したい。四節は神が全地にその民を持たれること。「ラハブ」はエジプトのこと(イザヤ三〇ノ七参照)。「バベル」は新バビロニア。つまり全地から強制集住でエルサレムへ来たこと。それに対し五節は諸外国生れの移住者は地上の国籍は色々でありながら、真の誕生はシオンでなされたことをいうと解す。つまり霊的意味の国籍の問題。七節は従来の解釈のような、天の生命の書への登録、記帳には適合しない。神を信じて歴史の中に生きるわれわれも二重国籍なのである。

八七　死の国に近く(八八)

個人の歎きの歌。しかし歎きと願いがはっきり分けられていないのが特色。それに応じ詩人の歎きは最後までなんらの光を得ず「全詩篇中最も悲しい詩」とある人は言う。詩人の中心問題は「死」。死は詩篇において肉体の死よりも神からの隔絶をいう。しかし九、一六節から肉体の病も含意されているらしい。六節「切り殺された者」は通常の葬りを受けず、共同墓地にすてられた。九節三行目はバビロニア語から、病気が治らないことの比喩かという。

八八　ダビデ王国の選びと破棄(八九)

五三節は詩篇第三部のしめくくり(「解説」参照)。

二—一九、二〇—三八、三九—五二節に分けられるが、ダビデ王国の問題をめぐる思想詩で、礼拝文や祭儀的意味の神王を見る見方には従わない。一一節「ラハブ」は創造神話で切り殺された怪物(前出)。二〇節「聖徒」宮廷預言者か。三八節「証人」は虹か(アールストレーム)。創世九ノ一二以下参照。第一、第二部で神のダビデへの約束を信じた詩人は第三部で神の怒りの現実を否定しえなかった(日本の敗戦の場合この詩人のような問題把握は全体としてあり得なかった)。

八九　永遠の神（九〇）

民族の歎きの歌ではなく、教訓詩と解す。三節　創世三ノ一九参照。四節　「夜番」イスラエルでは夜を三つに分けた。士師七ノ一九、出エジプト一四ノ二四。

九〇　守られる者（九一）

教訓詩。一四―一六節に神託形式を用いているが、祭儀とは関係ないものと解す。四節の「翼」も神殿のケルビムの翼と関係するが、比喩として用いられるのみ。七節は戦場における比喩であろう。

九一　神の正しさ（九二）

感謝と讃美と知恵の詩の要素の混じたもの。悪人の存在と神の義の問題をめぐる。一一節「角」は力の、「油」は恵みのシンボル。一六節「神を義とすること」(justificare deum)が信仰であり、この節に悪人に勝ち誇る義人を見るのは当らない。

九二　王なる神（九三）

モーヴィンケルのいう「ヤハウェの即位式の祭り」の類型を用いて、捕囚後の政治的に無力なイスラエルが世の終りにおける神の全き支配を待ち望んだ詩と解す。五節から第二神殿の出来た後の詩と思われる。前述の祭りは王国時代のイスラエルにあったかは疑問としても捕囚期にメソポタミアで知ったことはより確実性がある。

九三　神との親しさ(九四)

類型は一貫しない。一―七節は集団的な歎きの歌、八―一一節は論争形式に知恵の要素が加わり、一二―一五節は「幸あれ」に始まる祝福と慰めの詞、一六―二三節は個人の歎きと感謝の歌の混合。主題は悪人の存在という問題。一七節「沈黙の国」神との交わりなき死の国。

九四　心迷える民(九五)

七節前半までと後半以後に二分されるが、礼拝文形式で一つにされているが、実際に礼拝に用いられたものではなかろう。後半は祭儀的預言者の口を通して語られた形式をとる。前半には讃美の歌が二つ重ねられている。八節につき出エジプト一七ノ一以下、民数二〇ノ一以下参照。一〇節「四十年」は一世代をいう。一一節「休み」申命記(一二ノ九、二五ノ一九)に始まり、ヘブル書(三章)にいたる深い思想(フォン・ラート)。

九五　新しい歌(九六)

九三篇と同じ形式、歴史的背景と解したい。しかし終末的な神の到来が中心になっている。一節の「新しい歌」も終末時における神の到来を迎える歌の意。

九六　喜び(九七)

九六篇と同じ形式、背景、中心思想のものと解す。

九七　来り給う神（九八）

ヤハウェの即位式の祭りの背景が背後にあるが、この背景はかなりうすれ、一番特長的な「ヤハウェは王となった」がない。むしろ終末的な讃美の歌の調子が強い。

九八　聖き神（九九）

ヤハウェの即位式の祭りの背景がうかがわれるが、終末的な神の到来は中心になく、聖き神を中心にした思想詩と解される。一―三節は神の聖が中心。四節の「義」はそのイスラエルの中での具体化である。五節の「足台」は元来神の箱を指すが、九節から見るとシオンの山を象徴的に述べたものと解する。六―九節では神の聖は「赦し」としても述べられている。六節でモーセがアロンとともに「祭司」とされていることは、この詩の成立の時にイスラエルは祭司の支配のもとにあったからであろう。

九九　喜びの歌（一〇〇）

讃美の歌。神殿に入る状況を考えさせる。二節「仕える」は「礼拝の行事を行なう」意味か。四節は祭司の口から語られ、五節は教団の答えか。

一〇〇　王の歌（一〇一）

「王の潔白の誓い」あるいは「王の忠誠の誓い」と呼ぶべき特殊な類型に属する。「誓い」は神に対するもの。王国時代の詩らしい。二節「わが家」は王家。八節「朝」は裁判の時。

一〇一　歎きと希望(一〇二)

類型的には種々のものを含む、しかし統一ある詩と解す。二―一二節は個人の歎き、一三―二三節の主題はシオンの回復であるが、讃美の要素や「預言者的な願い」(グンケル)を含む。二四、二五節は個人の歎きに帰り、二六節以下は讃美の要素が強い。

九節の「わが名にかけて呪う」は呪う時、呪われた者の代表として自分の名を用いる、ということ。一四節カッコ内は言いかえであろう。

一〇二　いつくしみの神(一〇三)

個人の感謝の歌であるが、讃美の要素が強い。二〇節最後の行は反対者もあるが、後の附加と解す。

一〇三　創り主なる神(一〇四)

個人の讃美の歌。主題は神の創造。神の働きが擬人的に描かれ、創られた世界も神に向かって開いている(フォン・ラート)。例外は悪しき者のみ(三五節)。三節「水」創世一ノ六、七参照。六節「淵」創世一ノ二参照。八節「水が山々に上る」は山々に泉が湧いている状況の前提としてか(サトクリフ)、「山々」は天なる山々か(レオナルディ)。三五節「ハレルヤ」は「ヤハをほめたたえよ」の意。「ヤハ」は「ヤハウェ」の短形。

一〇四　神の契約(一〇五)

類型としては讃美の歌であるが、歴史の回顧の形をとった信仰の告白でもある。祭儀的伝承(申命二六ノ五一一)が背後にあるが、祭儀との関係は直接ではない。一五節「油注がれし者」「預言者」は族長のこと(創世二〇ノ七参照)。一六節「パンの杖」エゼキエル四ノ一六参照。

一〇五　神の恵みとイスラエルの罪(一〇六)

一—五(六)節と四七(四八)節がわくをなす。四八節は詩篇第四部の終りを示すとともに、この詩のわくとしても適当なので、ここに持ってこられたらしい。このわくには感謝と讃美、願い求め、懺悔が混じ、七—四六節は歴史の叙述。一五節「消耗」肺病か。一六—一八節　民数一六参照。コラが出てこないのは、コラは第二神殿の歌うたいのグループの一つの先祖だからか。一九—二三節　出エジプト三二。「破れ口」エゼキエル二二ノ三〇参照。二七節　捕囚。二八—三一節　民数二五参照。「死者の宴に与かる」は葬式の際の食事か。三二、三三節　民数二〇参照。三八節カッコ内は三七節との関連による附加。

一〇六　贖われた者(一〇七)

一—三二節は感謝祭の礼拝文。一—三節は序で、その後四部に分かれ、四—九節は砂漠の放浪者、一〇—一六節は獄屋から解放された者、一七—二二節は医された病者、二三—三二節は大海に船出した者が危険から救われた場合、それぞれ神に感謝するように促されている。二節は一節によく続かない。贖われた者は感謝を促される人々だから。三節は「贖われた者」を捕囚から帰還した者の意にとっていて、四節以下によく続かない。二、三節は後の附加らしい。四節以下の感謝祭は具体的には秋祭りのような祭日にグループに分かれて行なわれたのか、詳しいことは不明。

三三—四三節は状況が違い、二次的にここに加えられたらしい。三六節以下捕囚後の状況を反映するらしい。

四〇節「貴族たち」はサマリヤの上流階級か。エズラ・ネヘミヤ改革以前ユダの生活はいつも彼らに脅かされていた。四二節の「不法」も彼らのそれか。四三節のしめくくりは知恵の詞、その前は類型的には讃美の歌。

一〇七　神の助け(一〇八)

五七ノ八―一二と六〇ノ七―一四を一緒にしたもの。

一〇八　呪いと祝福(一〇九)

六―一九節を詩人の敵の呪いのことばの引用とすると、その前後は個人の歎きに感謝と讃美が加わっていると見たい。詩人は貧しい者の死の責任を問われ、訴えられているらしい(一六節以下)。二四節から訴えられている間、断食して神に祈っている詩人の姿がうかがえる。二七節は一六節以下に関係し、貧しい者の死は詩人の責任でなく、神のなさったことだ、という。二八節前半はこの詩の中心、祝福される神の側に立つ詩人は祈りをもって敵に対しようとする(四節)。

一〇九　祭司王(一一〇)

王の詩。王の即位にあたり宮廷の祭儀的預言者によって述べられたものであろう。エルサレムのイスラエル以前の伝承を伝えるものであることが、ダビデ前のエブス人の町エルサレムの祭司的王であったらしい「マルキ・ツェデク」(創世一四ノ一八以下参照)から知られる。

一節「わが主」祭司的預言者が新王を呼んでいるもの。カッコ内は神託。三節後半も神託で「生んだ」は即位のこと(二ノ七参照)。「あけぼのの胎から露のように」は神話的表象(イザヤ一四ノ一三、二六ノ一九参照)。

四節後半　王の祭司的役割りはシュメール以来の古代オリエントの伝統である。「マルキ・ツェデク」は「王は正しい」その他の解釈がある。神託以外は宮廷預言者の言葉。

一一〇　記念(一一一)

最初の「ハレルヤ」は後からのもので、他はいろは歌(前出)。一応個人の讃美の歌。一〇節始めは知恵の詞。二―九節の中心部は個人を越えた歴史の問題で、全体として後代の混合型。グンケルは各家庭で民族の信仰の遺産を子らに教えようとしたものと見る。二―四節は出エジプト、五節は砂漠時代、六節はカナンを与えられたことか。九節の「贖い」はイスラエルの出発であるエジプトからの救出。それに基づいての神とイスラエルの特別な関係が「契約」なのである。

一一一　義人の報い(一一二)

知恵の詩、さらに細かく言えば祝福の詞。いろは歌の形式をとる。感謝、讃美の要素を持つ後代の混合型。神の根源的な義からでてくる神の義の表われとしての応報が中心問題となっていて、単なる善人にはよい報いがあるというひわゆる応報思想ではない。

五節「その業を行なう」は都市生活における捕囚後の経済生活を暗示する(ケスラー)。八節「敵を見うる」敵を正視しうることは敵に勝ちうること(見る働きが魔術と関係することを参考)。

一一二　高くして低き神(一一三)

讃美の歌。前半一―四節の高き神は後半五―九節で低き者を顧みる神でもある。九節「子を生まぬ女」はハンムラビ法典にもあるように離婚することが出来た。「多くの子の母」とは不妊の妻に実際に子を生ませる、ということか、多くの子の母と同じ位置にあらせることか。持たぬ者が持てる者のようにされることが高くして低き神の恵みである。

一一三　神の支配(一一四)

讃美の歌であるが、種々の点で破格である。一節の出エジプトの出来事から二節前半のユダ王国のことに飛んでいる。後半の「イスラエル」は北王国か、一節の「イスラエル」と同じか。作者はユダの人らしい。三節「海」は紅海のこと。「ヨルダン」につきヨシュア三章参照。

一一四　み栄(一一五)

九節以下で「イスラエル」「アロンの家」「ヤハウェを畏れる者」に分けて呼びかけているので礼拝文として用いられたものらしい。グンケルは一、二、一六—一八節は教団、一二—一五節は祭司と関連させ、九—一一節は呼びかけと答えの形式に各節がなっていると見る。三—八節は偶像が問題になっているので、異教からのユダヤ教への改宗者——神を畏れる者——の口にふさわしい。一〇節の「アロンの家」は祭司階級。一七節「ヤハ」は「ヤハウェ」の短形。よく行なわれる「ヤーウェ」という音写は「ハ」という音素を無視していることが「ヤハ」から分かる。

一一五　感謝の犠え(一一六)

一応感謝の歌だが、歎き、願い、信頼の要素を含む混合型。思想のつながりも非常にルーズである。一三節は祭壇に盃をかたむけて注ぎかけ、その際神の名を唱える、という行事を背後に持つらしい。一六節「かせを解かれた」は死からの救いか。

一一六　ヤハウェをほめよ(一一七)

讃美の歌。外国人に神讃美を促すのは第二イザヤの影響と従来見られているが、マルタン・アシャールは最近古いカナンの最高神の伝統がそのような要素をすでに含む、という。

一一七　義の門を開け(一一八)

一―四節　コーラスによる感謝の歌、五―二一節　個人の感謝の歌、二二―二五節　巡礼者のコーラスの歌、二六―二七節　祭司の祝福、二八節　個人の感謝、二九節　しめくくり。「個人」は一七、一八節から見れば、重病から医された人が再び多くの人とともに神殿に入ることを許されたような場合を想定しうる。二―四節の三つのグループについては一一五篇参照。一九節「義の門」バビロニアでも神殿の門に生命の門、その他の名がつけられていたことを参照。二二節「隅の首石」家の隅をささえる切石か、玄関のアーチを飾る建築の際の最後の石と解されている。

一一八　おきて(一一九)

いろは歌。ヘブライ語のアルファベット二二をおのおの八行ずつ冒頭に用いているので、一七六行からなる。右の八行のおのおのに「律法」と同義語をなす語を八つ用いている(現存テキストでは必ずしもそうなっていない)。訳で示すと「律法」「あかし」「み言葉」「法」「定め」「命令」「誡命」「ことば」がそれである。類型的には混合型で、知恵、歎き、讃美、感謝、祝福などが含まれる。一番強いのは歎きの要素である。いろは歌として技巧的な面を持つが、作者の苦難の体験が背後にあってこの詩を生かしている。詩人は圧制されている貧しき者に属する。恐らくエズラ・ネヘミヤ以後の都市のデーモス(ヴェーバー)に属する者の一人であることがこの詩から一番よくうかがわれる。「アレフ」「ベース」以下ヘブライ語のアルファベットの名称。

二三節「役人たち」上述の支配階級。たびたび出てくる「不虔な者たち」と同じ。八三節「煙の中の皮袋」酒を入れた皮袋を天窓の煙が出てゆく所の近くにぶらさげ、酒を甘くする習慣による。皮袋は黒くなるので、ここでは詩人の不幸をいう。一〇七節「低くされている」者や一四一節の「卑しく、人にあなどられる者」は前述の都市デーモスに属する者と解す。一五六節「み審き」は他で「誡命」と訳した語。訳はコンテクストからのニュアンスによらざるを得ない(ラビン)。

一一九　メセクに宿る(一二〇)

個人の歎きの歌。「都もうでの歌」すなわちエルサレムへの巡礼歌とする表題は当らない。五節「メセク」当時の地理では最北(創世一〇ノ二)、「ケダル」シリア・アラビア砂漠の端(創世二五ノ一三)、地理的に離れすぎているので、漠然と野蛮な種族の別名として用いられているのか。

一二〇　わが助け(一二一)

信頼の歌。一節「山々」天に近く、神に近い所としてではない。山々の神々に助けはない、ということ。危険な山々を越えて故郷にエルサレムから帰ってゆく情景、またはエルサレムに近づき、周囲の山々に助けを仰ぐのではない、ということ。カナン宗教が山の高みに聖所を持っていたことへのポレミークが背後にある。三節「まどろむ」カナンの植物神は冬眠するから。

一二二　巡礼者の歌(一二二)

巡礼歌であるが、シオンの歌の要素をも持つ。讃美の調子でシオンを歌う。四節はエルサレムの聖所は長いイスラエルの支族連合の聖所の伝統をつぐものでもあったからである。連合の機能は神の法の維持にあり、それが王国時代には少なくも一部王によって受けつがれた(五節)。六、七節のカッコ内は一行の先導者である者が呼びかけた言葉。「あなた」はエルサレムを指す。六節の「求めよ」は複数形動詞。八、九節の「わたし」は詩人。エルサレムの聖所はそれ自身として尊いのではない。神殿は偶像的礼拝の対象ではない。兄弟の救いのため、否、神のために尊いのである、という。

一二三　待望(一二三)

始めに「わたし」とあり、ついで「われら」とある。個人の歎きの歌と民族の歎きの歌が混じている。四節の「思いわずらいなき者」「高ぶる者」は他の詩の場合のように「敵」とは呼ばれていない。彼らは神のことなどで思いわずらわず、神を無視した高ぶる者であったのであろう。

一二四　感謝(一二四)

民族の感謝の歌。一般的な神のみ業の讃美でなく、歴史の中での救いの感謝であるが、具体的背景は余りよく分からない。

一二四　信頼(一二五)

民族の信頼の歌。歎きの要素を含む(四、五節)。三節からペルシア時代以後の外国人の支配の時代を考えさせる。五節の「曲った道に向かう者」は三節の「義しき者」の中で、曲った道に誘われる者のことであろう。

一二五　転換(一二六)

この詩で問題になるのは、一節ですでにシオンの運命が変えられた、とあるのに、四節でまた同じことを祈っている点である。シオンの運命を変えた、とは捕囚からの帰還であろう。しかし祖国帰還後も神殿建設も進まず、生活は困難を極めた。それ故四節の祈りは一節と矛盾しないと解したい。この詩の前半は歴史の詩であり、後半は民族の歎きの要素が強い。五節前半の宗教史的連関としてはエジプト人が種蒔き時を悲しみの時とした——その神オシリスを葬ることと考えたから——ことを参考。総じて古代人は生きるために死ぬことを知っていた(ヨハネ一二ノ二四)。

一二六　家を建てる者(一二七)

知恵の詩。一—二節と三—五節がつながらない、と見る人が多いが、「家を建てる」を家庭生活全体の意味をも含むととれば統一ある詩として読めると思われる。二節後半の意味は争われるが、われわれは何がよきものであるかを本当には知りえない。神はわれわれが眠っている間に、自ら配慮することのない間に、それを与えられる、ということか。五節　矢は「箙の子ら」(哀歌三ノ一三)といわれていることを参照。

一二七　祝福（一二八）

知恵の詩。神を畏れる者の祝福を教える。六節最後の「イスラエル」への言及はこの詩が教団の礼拝で用いられるようになってからの附加であろう。二節は捕囚期後において農夫は必ずしもその畑で出来たものをそのまま食べることが出来なかったという事情を反映するらしい。三節以下も政治的に困難な時代の背景から読むべきであろう。

一二八　義しきヤハウェ（一二九）

類型的に複雑で、民族の歎きと信頼の歌。一節の「わたし」は個人であろうが「とイスラエルは言え」を加えて民族の歌としている。四節「縄目」は元来軛の綱のこと。六節「東風」砂漠から吹いてくる熱風。八節の「祝福」は刈り入れの時の祝福。八節三行目もこの詩が祭儀用に用いられるようになってからの附加であろう。「われら」は祭司。

一二九　深き淵より（一三〇）

個人の歎きの歌であるが、より詳しくは懺悔の詩である。ただ七、八節は教団用に用いられるようになってからの附加と解す。

一節「深き淵」当時の世界像における陰府をいう。神の光のささない所である。五節「み言葉」祭司による救済の神託をいうとは思われない。罪の赦しを神の言葉として常に新たに魂に刻印するために神の言葉を待ち望む意であろう。

一三〇　低き心（一三一）

三節は教団用に用いてからの附加と解す。一、二節は信頼の歌。一節の「心の高ぶり」「眼のおごり」はイザヤ以来人間の罪の本質である。二節「乳離れした子」乳を求める子の烈しさをもはや持たぬことを指す。

一三一　王国の基礎（一三二）

この詩は独特でその背景は種々に解されている。一―一〇節はダビデが神の箱をエルサレムにもたらしたことが述べられ、一一―一八節には神の言が二つ引用されている。クラウスはシオンの選びの祭りなるものを背景として想定する。王位の永遠性の約束が年毎に王に向かって語られたと見る。

一節「労苦」は三、四節に述べられていることを指すらしい。六節「エフラタ」ダビデの故郷としてあげられ、「ヤアルの野」はキルヤス・エヤリム（サムエル上六ノ二一、七ノ一以下）の詩的な名称らしい。「それ」は神の箱を指す。六節の「われら」はコーラスを想定し（一―五節は王ないし祭司の言葉）うるとすれば、七節の「われら」は教団に対し祭儀的行進を促しているとすれば、祭司ないし教団の人々が「われら」と言っているらしい。七節「足台」は神の箱そのものを神の足台といっているのか、あるいは箱をおく台のこと。一二節の「契約」「証し」はいわゆるダビデ契約とそれに伴う規定であろう。

一三二　一致（一三三）

知恵の詩。父の死後兄弟たちが仲よく暮すことをすすめた教訓詩。二節「ひげ」男子の威厳のシンボル。「アロンのひげ」はレビ二一ノ五によれば切ってはならぬものだった。

一三三　祝福(一三四)

一、二節は信徒が祭司に向かって述べた言葉、三節は祭司の言葉。類型としては礼拝文、交読文。一、二節の「ほめる」と三節の「祝する」は原語は同じ。祭司は他を祝福する前に祝福されねばならぬ。祭司も神の祝福を受けてのみ神をほめうるのである。

一三四　讃美(一三五)

讃美の歌。一―四節は導入部、五―一八節は中心部、一九―二一節は結尾。第二神殿の礼拝を前提するらしい。参加者は祭司(ヤハウェの僕たち、アロンの家、レビの家)と信徒(イスラエルの家と捕囚後の改宗者たる神を畏れる者)。

一節以下の「ほめたたえる」は前の詩で「祝福する」を「ほめる」と訳したのとちがい、単純に人の側から神を讃美する意。

一一節「シホン」「オグ」民数二一ノ二一以下、三三以下、申命二ノ三〇以下、三ノ一以下。

一三五　絶えざる恵み(一三六)

各節後半に同じ言葉が畳句としてくり返される。神殿の礼拝を前提するらしい。各節前半は一人が、後半はコーラスが歌ったか。類型としては感謝の歌の礼拝文形式。四―二五節の中心部の救済史のテーマは伝統的なもの(申命二六ノ五以下)。一九、二〇節の王については前篇参照。

一三六　バベルの流れの畔りで(一三七)

類型的に決めにくい。歎きと呪いの要素に歴史的叙述が先行する。バビロンで起ったことを回顧して歌っている。ただし「バベル」はバビロンの町に限らない。バビロニア全体をも指す。七節「エルサレムの日」はその滅びた日。八節「娘バベル」バビロンの町ないしバビロニアの国を「娘」と呼ぶ。

一三七　讃美(一三八)

個人の讃美の歌。一節「もろもろの神」天使か(ギリシア訳参照)、諸国民の神々か。二節「聖なる宮」神殿か、天の宮か。三節後半と八節の三行目はペーデルセンのいう「魂」の力の問題である。神の力にふれて魂は広くされ、また強くされる。

一三八　創造者の全知と遍在(一三九)

ヴュルトヴァインは詩人は偶像崇拝の罪に問われ、その嫌疑を除くべく祭儀的な裁判の場で神に願っている状況を想定する。そのために神に自分を探り、認知して下さいと求めているのだ、という。しかし一九節以下でそのような背景がうかがわれる、としても一―一八節が長々とその前に来ていることから、この詩の祭儀的背景はそれ程直接のものとは思われない。一節に「探る」「認知する」ことがあるので、一―一八節、一九節以下の二つの詩と見ない方がよいが、詩人は神に認知されている深い実感から神の全知と遍在の告白に進んでいる思想詩と解したい。一九節で「悪人を殺し給うように」との願いはヴュルトヴァインの解釈には合わない。

詩人は一八節で「もう終りだと思う時もあなたはともにい給う」と告白する。一—一八節は創造の世界から知られる神について述べているが、造られた世界の終りからこの世界を見る時、この世界は救済の世界につながる。救済の世界が創造の世界と一つであるという立場から一番問題になるのは悪人の存在である。こう見ると、一八節と一九節の言葉が最も深い所でつながるとわれわれは解する。

この詩は思想詩で類型を云々することは適当でないが、讃美の歌と知恵の詩の要素が含まれている、といえよう。

一三九　訴えられた者の祈り(一四〇)

個人の歎きの歌。しかし信頼の要素が強い(七節前半、八節前半)。八節「戦いの日」は比喩的あるいは定型的な言い方と解し、詩人を「王」ないし「将軍」と解する必然性は全体としてない。「乏しき者」「貧しき者」(一三節)は前述の階級的対立を考えさせる。

一四〇　悪に抵抗する祈り(一四一)

個人の歎きの歌。三節はシラク書(旧約外典中の知恵の書の一つ)二二ノ二七に通ずる。われわれの詩は知恵文学の影響下にある。五節「頭に油が注がれる」は名誉に与かること。七節「陰府」擬人化され、口をあけて呑みこもうとする。八節「裸」魂は神の力を着ないでは堪えられない。新約にも通ずる聖書的な考え方(コリント後五ノ一以下)。

一四一　わが嗣業(一四二)

個人の歎きの歌の典型的なもの、呼びかけ、歎き、願いからなる。八節の「獄屋」を具体的な牢獄と解すれば、詩人は未決拘留の状態にあることになる。しかしこの詩は詩人の魂の問題として内面化されているのが特色故、具体的背景から考えぬ方がよい。一節のダビデにつき、サムエル上二二ノ一、二四ノ四参照。この美しい詩はアシシのフランシスがその死の前にこれを高らかに誦した、といわれる。

一四二　あえぎ(一四三)

個人の歎きの歌。二節前半は神が審き給うことか、敵が裁判で詩人を神の前に訴えているのか。三節「暗黒」は牢獄と関係するか。六節「手を拡げる」祈りの姿勢で、手を天に向かって拡げるのは上なる神からの力を求めるので旧約的な祈りである(八節の「魂を揚げる」を参照)。手を組んで下を向いて祈るのはゲルマン人の祈りである。「乾ける地」砂漠的背景。一一節「義」詩篇においてはしばしば「あわれみ」の意に近い。

一四三　王と民(一四四)

類型的にきちんとしていない。一二—一五節を別の詩と見る人が多い。願いの要素の強い歎きと讃美・感謝の歌に、一二節以下が二次的に加えられたらしい。二節の最後と一〇節から詩人は王と見るべきか。一八篇の模倣と見る人がある。五節　シナイ伝承による。九節は厳密には感謝の誓いの部分。一〇節「王たち」ダビデ王家の王たち。一〇節最後と一一節は七、八節のくり返し。一二節以下「われら」が出てくるが、内容的には王の口にふさわしい(オーカラガン)。一二節「刻まれた柱」柱そのものが女性像であったのか、一般的に彫刻の美しさをいうか。

個人の讃美の歌であるが、形態として純粋ではなく、導入部と主部が何回かくり返される。また一人称単数と三人称複数が並んで出てくる。後代の詩。主題である「み国」もダニエル書その他後代の書に出てくる。

一四五　幸いな者（一四六）

一四六—一五〇篇は「ヤハをほめたたえよ」（ハレルヤ）で始まり、また終っている。

一四六篇は類型的には混合型。個人の讃美で始まり（一、二節）、三、四節はいましめの要素が強く、五節は祝福の詞、六節以下ヤハウェを分詞で修飾し、讃美の歌の特色が九節の始めまで続く（ただし讃美の歌に用いられる分詞形はクリューゼマンの示したように発生的には二次的）。義しい者と悪人の対立も前から述べている時代の階級対立を背景とするであろう。三、四節には非政治化された者の信仰が見られる。政治の現実にふれあっている者の場合には権力者の個人的な死で問題が片づかぬことを考えたに違いない。前述の都市デーモスの場合には宗教的にのみ問題を把えている点にその抽象性があり、それが総じて後期ユダヤ教の抽象性なのである。七節の「解放」も八節の「開眼」もシンボリカルだと思われる。

一四六　自然と歴史の神（一四七）

讃美の歌。一—六、七—一一、一二—二〇節に分かれ、それぞれ始めに讃美のことがあるが、三つの別の詩とする必要はなかろう。ギリシア訳は一二—二〇節を独立の詩とする。讃美の歌の形態としては一番ととのっている。一三節の「門」は都市国家エルサレムの門で、「子ら」はエルサレムに属するユダの地域であろう。

一四七　救いの讃美(一四八)

讃美の歌であるが、自然の事物を次々にあげてゆくやり方はヨブ記三八、三九章にも見られるオリエントの一種の自然学の背景とつながる、といわれる(フォン・ラート)。それ故讃美の歌と自然の知恵の詩の混合と考えられる。六節にはわずかに自然法則の概念に通ずるものがある。五、一三節に「ほめたたうべきである」とあるのは自然の事物には神讃美はそのまま自然ではないからである(一一、一二節の人間も自然の人としてあげてある)。それと対立し、一四節で神の民が出てくる。「一つの角」は具体的に何を指すか必ずしも分からないが、「角」は力と栄光のシンボルであり、なんらかのイスラエルのための救いの業を意味することは明らかである。

一四八　ハシディムの歌(一四九)

「神を敬う者」(ハシディム)はマカベヤ時代にハスモン家の改革運動が政治運動化した時、それから分かれた敬虔派を指す。一節には「集会」のことがあり、一般的に敬虔な者のことではないと解される。二節の「王」は神であり、八節の諸国の「王たち」と対比されている。六節以下調子が突然変り、色々に解されるが、ハシディムが政治的には現在無力であるだけに、神による復讐の願いを表わしている、と見たい。九節の「記された審判」は預言書に記されている審判と解す。この詩は聖書がすでに正典化しつつあった時代のものである。この詩は讃美の歌としては後半が特殊である。

一四九　ハレルヤ(一五〇)

詩篇全体の結尾としてここに置かれていることは明らかである。讃美の歌の導入部である「ほめたたえよ」で終始し、讃美の歌の本論が欠けているその特殊な形態と内容がそれを示している。二節にわずかに本論に通ずるものが顔を出す。一節の「聖所」は神殿。第二神殿の讃美歌集として編集された詩篇の結尾の詩として当然である。聖所は天と地のふれ合う所故、一節に「蒼穹」のことが出てくることはこの解釈の反証とはならない。三節前半の「ラッパ」は祭司が用いるもの、「琴と竪琴」はレビ人の用いるもの(歴代上一五ノ一六以下等参照)故、三節は祭司とレビ人に神殿での讃美を促し、四、五節では一般信徒にそれを促している、と思われる。それに対し、六節で「すべての息ある者」は「ヤハをほめたたうべきである」とあるのは神殿外の地にある者には讃美はそのまま自然ではないからである(一四八篇参照)。「すべての息ある者」は旧約の他の多くの箇所からすべての人のことで、動物を含まない。「すべての人は神をほめたたうべきである」で詩篇が終っていることとは神殿をこえ、旧約をこえた所を指示している。

解説

一　名称と正典中の位置

ヘブライ原典では「讃美の書」あるいは簡単に「讃美」と呼ばれ、七十人訳と呼ばれるギリシア訳が「詩篇」に応ずる名称で呼ばれている。旧約正典における位置は「ヨブ記」などとともにいわゆる「諸書」の一つに属する。

二　区分

四一篇一四節、七二篇一八・一九節、八九篇五三節、一〇六篇四八節、一五〇篇全体に見られるいわゆる「頌栄」によって次の五つの部分に分けられている。すなわち一―四一篇、四二―七二篇、七三―八九篇、九〇―一〇六篇、一〇七―一五〇篇で、この五つという区分はモーセ五書に応ずるものであろう。

三　成立

一五〇篇の詩篇のなかにはダブっているものがいくつかある。すなわち第一四篇は全体として、

第五三篇と同じものであり、第七〇篇は第四〇篇の一部、つまり一四―一八節と同じであり、第一〇八篇は第五七篇八―一二節プラス第六〇篇七―一四節から成る。このことは現在の詩篇は本来独立のいくつかの集合からなり、それ故同じ詩篇ないしその一部が二回出てくることを示している。そのような古い段階の集合として三―四一篇に見られる「ダビデ歌集」(三三篇を除き「ダビデの歌」とある)、四二―八三篇にある「エロヒム歌集」(これらの詩篇の多くで神名「ヤハウェ」は「神」(エローヒーム)という普通名詞で置きかえられている、本訳では原則として「ヤハウェ」に変えている)の存在は充分に推定される。何よりも始めにあげたダブっている詩篇での神名の比較をすると、エロヒム歌集の神名が二次的変更であることが分かる。「エロヒム歌集」のなかで、さらにコラの詩篇(四二―四九篇)、アサフの詩篇(五〇篇と七三―八三篇)その他のものが分けられる。その他一〇四―一〇六、一一一―一一七、一四六―一五〇篇は「ハレルヤ詩篇」と呼ぶべき集合をなし、一二〇―一三四篇の「都もうでの歌」も本来独立にまとめられていたものであろう。第一篇と第二篇が冒頭に、第一五〇篇が結尾に置かれているのは、最後の編集の段階に属するものであろう。一、で述べた「讃美」という表題も一五〇篇の詩がユダヤ教団の讃美歌集として認められた頃に付けられたものであろう。

四　研究史

近代の詩篇研究に劃期的な段階をもたらしたのはグンケルの文学類型の研究であった。古代文学の場合に作者は一定の形式を踏襲する場合が多く、ことに詩篇は聖所における祭儀を背景とし、それぞれの祭儀に応じてそれぞれの形式をとったのである。例えば個人が病気の医された感謝を感謝の犠牲とともに感謝の歌を歌って表白し、罪を責められた人が祭司の前に歎き訴え、救済の神託を求めて、歎きの歌を述べるような場合である。これらは個人の場合であるが、民族ないし教団が感謝や讃美の歌を祭りの際にささげ、あるいは国難に際して歎きの歌を共同に歌った場合が考えられる。しかし現存の詩篇には個人の歌の方がはるかに多いのは種々の理由が考えられるが、ことに現存の詩篇には一応神殿における祭儀を背景とする一定の形式によりながら、フォン・ラートのいう「精神化」をへて純粋な信仰の詩として書かれているものが多いからである、とわれわれは解する。このような「精神化」された詩篇の場合には、形式よりも内容に重点があり、従ってその形式もくずれてきているものの多いことも当然である。

また研究史にもどればグンケル以後文学類型よりも祭儀そのものにより重点が移り、モーヴィンケルのように非常に多くの詩篇に「ヤハウェの即位式の祭り」を想定したり、最近でもワイザーのように「契約の祭儀」と多くの詩篇を結びつけて解する者もある。いわゆるスカンヂナヴィア学派の人々は多くの詩篇を王と関係させて解し、一定の祭儀的パターンから解釈する。これらはいずれも無理であり、われわれは一応文学類型を多くの詩篇に想定し、それを指摘して読者の参考に資した。ただ精神化した詩篇が多いと考えるわれわれの立場からは厳密に言えば混合型の場合が多い。またグンケル流の類型研究そのものが具体的には新たに問い直され、しかも新説――例えばヴェスターマン、クリューゼマンの場合――にもそのままに賛成しえない状況にある。その点からも「註釈」で各詩篇につけた文学類型の分類も一応のことである。しかし各類型について項を改めて具体的に要点だけを述べておこう。

五　文学類型

「詩篇」のヘブライ原語の表題は「讃美」であることはすでに述べた。文学類型としての「讃美の歌」はもちろん讃美を内容とするが、その特色は「感謝の歌」との対比で次のように見ることが出来る。歴史や自然の中で一般的に神のみ業をたたえるのが「讃美の歌」であり、特定の神のみ業を感謝するのが「感謝の歌」である。ヴェスターマンは比較的最近この区別に反対し、この区別の代りに、「描写的なたたえの歌」と「報告的なたたえの歌」となすべきものとする。しかし「報告」と「描写」をそれ程はっきり区別しうるかは問題である(コッホ)。われわれは従来の区別に従っておきたい。「讃美の歌」の形式は比較的簡単で、先ず命令形の動詞で讃美をうながし、次にその理由を「なぜなら」または「げに」と訳しうる小辞で導入し、それ以後が主題となる。「感謝の歌」では詩人は序として感謝の意図を述べ、本論では苦しみの中から神を呼び、救い出された次第を述べる。問題になるのは個人ではなく、「イスラエルの感謝の歌」という類型が存するかで、最近クリューゼマンは明確な一定の形式がない、としてこれを否定する。しかし個人の場合に感謝の機会があったように、民族の場合にも例えば収穫の感謝祭のようなものがあったことは当然考えられる。ただそれらの民族の感謝の歌は種々の理由から定型化した形のものが残されていない、と解される。

前述の讃美の歌の性格上個人の讃美の歌も定型化したものが少なく、第八篇のような変容されたもの、あるいは王その他の代表的人物のものとして残されている(八九ノ二一一九の如き)。イスラエルの讃美として、ことに来るべき終末の時の待望から歌われるものがあり(四七、九三、九六等)、これは前述の「ヤハウェの即位式」と関係するらしい。しかし「即位式」の祭儀は歴史化され、精神化されていると思われる。

讃美の歌とあい対し、詩篇中に最も重要な位置をしめるのは「歎きの歌」で、これには「民族の歎きの歌」と「個人の歎きの歌」とがある。両者とも、神、歎く者、敵の三者の要素から成るのが普通である。歎きの歌の形式は通常次の要素から見分けられる。第一に神への呼びかけ(ここにすでに神への願いが含まれることが多い)、次が一番中心的な歎きの部分であるが、そこには歎きの由来する状況が描写されることが多い。第三に神への願いが表白され、ここではしばしば神への信頼の要素が加わる。さらに讃美ないし感謝の誓いや、神に聞かれることの確信が表白されることがある。以上は個人の歎きの場合に典型的で、民族の歎きの場合は戦争、ことに敗戦、飢饉その他の国難の場合が多いから、歎きが中心で、積極的要素が欠けることの多いのは当然である。個人の歎きは元来聖所において祭司に向かってなされたであろうが、精神化されて「霊的」なものとして作られたものの多いことはグンケルやキッテルも認め、われわれも多くの場合にそれを想定する。ただ具体的に罪を責められ、訴えられた者が聖所で神の判定を求める「訴えられた者の祈り」(シュミット)と認むべきものがある(例えば七篇)。個人の場合、上に述べた信頼、救いの確信の要素が独立して「信頼の歌」という独自の類型を生み出し、精神化したいくつかの詩において詩篇の中で一番深い祈りとなっていることを附け加える(例えば二三篇)。また歎きの主題として罪の問題が深く取り上げられ、いわゆる悔改めの詩において魂の一番深い告白がなされていることも当然である(三二、五一、一四三篇の如き)。

以上は文学類型から見て一応一定の形式をとっているものであるが、取扱っている主題によって分類する場合がある。王の詩(二一、四五篇等)、「律法の詩」(一九後半、一一九篇)、教訓詩ないし知恵の詩(三七、一篇等)、シオンの歌(四六、八四篇等)などがそれである。さらに形式と主題から最近マナティは「不敬虔者に対する預言者的勧告」を一群の詩に認めようとする。

六　表題

詩篇の多くには表題がつけられている。これについては不明なことが多い。「ダビデの歌」もダビデの作、ということでなく「ダビデの王位にある者のための歌」の意だ、という人がある。「聖歌隊の指揮者に」と一応訳した原語の意味も全く違った解釈がある。また「何々式に」と訳したものは音楽上の術語であろうが詳細は不明である。「ミクタム」「マスキール」等もその意味は推定の域を出ない。「歌」と「うた」が同一の詩の表題に出てくる場合も正確な区別は分からない。その他本訳では省略したが、本文外に「セラ」「ヒガイョーン」というおそらく音楽上の符号がある(これらの問題については A. Sendrey, Musik in Alt-Israel, Leipzig, o. J. の第四章が詳しい)。

翻訳は一応、ビブリヤ・ヘブライカ・シュトットガルテンシヤ(バルトケ編纂一九六九年)を基本とした。

参考文献は省略し、註解書の主なものの著者名だけをあげると（カッコ内は用いた版の発行年）Duhm (1922), Gunkel (1926), König (1927), Kittel (1929), Schmidt (1934), Weiser (I, II 1950), Kissane (I 1953, II 1954), Kraus (1958–60), Oesterley (1962), Mannati (I 1966, II 1967), Dahood (I 1966, II 1968, III 1970)。

なお詩篇の解釈、読み方は最近北西セム語の研究が進んで、従来とは非常に異なったものになってきている。本訳は従来日本で行なわれているもの（一番最近のものとして「詩編」あかし書房、一九七二年をあげる）と多くの点でちがうが、読み方の理由その他は「註釈」では全部省いた。

旧約聖書 詩篇(しへん)

1973 年 11 月 16 日　第 1 刷発行
2024 年 6 月 5 日　第 14 刷発行

訳　者　関根正雄(せきねまさお)

発行者　坂本政謙

発行所　株式会社 岩波書店
〒101-8002 東京都千代田区一ツ橋 2-5-5
案内 03-5210-4000　営業部 03-5210-4111
文庫編集部 03-5210-4051
https://www.iwanami.co.jp/

印刷・理想社　カバー・精興社　製本・松岳社

ISBN978-4-00-338021-5　　Printed in Japan

読書子に寄す

――岩波文庫発刊に際して――

岩波茂雄

真理は万人によって求められることを自ら欲し、芸術は万人によって愛されることを自ら望む。かつては民を愚昧ならしめるために学芸が最も狭き堂宇に閉鎖されたことがあった。今や知識と美とを特権階級の独占より奪い返すことはつねに進取的なる民衆の切実なる要求である。岩波文庫はこの要求に応じそれに励まされて生まれた。それは生命ある不朽の書を少数者の書斎と研究室とより解放して街頭にくまなく立たしめ民衆に伍せしめるであろう。近時大量生産予約出版の流行を見る。その広告宣伝の狂態はしばらくおくも、後代にのこすと誇称する全集がその編集に万全の用意をなしたるか。千古の典籍の翻訳企図に敬虔の態度を欠かざりしか。さらに分売を許さず読者を繋縛して数十冊を強うるがごとき、はたしてその揚言する学芸解放のゆえんなりや。吾人は天下の名士の声に和してこれを推挙するに躊躇するものである。このときにあたって、岩波書店は自己の責務のいよいよ重大なるを思い、従来の方針の徹底を期するため、すでに十数年以前より志して来た計画を慎重審議この際断然実行することにした。吾人は範をかのレクラム文庫にとり、古今東西にわたって文芸・哲学・社会科学・自然科学等種類のいかんを問わず、いやしくも万人の必読すべき真に古典的価値ある書をきわめて簡易なる形式において逐次刊行し、あらゆる人間に須要なる生活向上の資料、生活批判の原理を提供せんと欲する。この文庫は予約出版の方法を排したるがゆえに、読者は自己の欲する時に自己の欲する書物を各個に自由に選択することができる。携帯に便にして価格の低きを最主とするがゆえに、外観を顧みざるも内容に至っては厳選最も力を尽くし、従来の岩波出版物の特色をますます発揮せしめようとする。この計画たるや世間の一時の投機的なるものと異なり、永遠の事業として吾人は微力を傾倒し、あらゆる犠牲を忍んで今後永久に継続発展せしめ、もって文庫の使命を遺憾なく果たさしめることを期する。芸術を愛し知識を求むる士の自ら進んでこの挙に参加し、希望と忠言とを寄せられることは吾人の熱望するところである。その性質上経済的には最も困難多きこの事業にあえて当たらんとする吾人の志を諒として、その達成のため世の読書子とのうるわしき共同を期待する。

昭和二年七月

《東洋文学》〔赤〕

- 楚辞　小南一郎訳注
- 杜甫詩選　黒川洋一編
- 李白詩選　松浦友久編訳
- 唐詩選　全三冊　前野直彬注解
- 完訳 三国志　全八冊　小川環樹・金田純一郎訳
- 西遊記　全十冊　中野美代子訳
- 菜根譚　洪自誠／今井宇三郎訳注
- 阿Q正伝・狂人日記　他十二篇（吶喊）　魯迅／竹内好訳
- 魯迅評論集　竹内好編訳
- 歴史小品　郭沫若／平岡武夫訳
- 家　全二冊　巴金／飯塚朗訳
- 新編 中国名詩選　全三冊　川合康三編訳
- 唐宋伝奇集　全二冊　今村与志雄訳
- 聊斎志異　全二冊　蒲松齢／立間祥介編訳
- 李商隠詩選　川合康三選訳
- 白楽天詩選　全二冊　川合康三訳注
- 文選　全六冊　川合康三・富永一登・釜谷武志・和田英信・浅見洋二・緑川英樹訳注
- 曹操・曹丕・曹植詩文選　川合康三編訳
- ケサル王物語 ―チベットの英雄叙事詩　アレクサンドラ・ダヴィッド＝ネール、アプル・ユンテン／富樫瓔子訳
- バガヴァッド・ギーター　上村勝彦訳
- ダライ・ラマ六世恋愛詩集　今枝由郎・海老原志穂編訳
- 朝鮮童謡選　金素雲訳編
- 朝鮮短篇小説選　全二冊　大村益夫・長璋吉・三枝壽勝編訳
- 尹東柱詩集 空と風と星と詩　金時鐘編訳
- アイヌ神謡集　知里幸惠編訳
- アイヌ民譚集 付 えぞおばけ列伝　知里真志保編訳
- アイヌ叙事詩 ユーカラ　金田一京助採集並ニ訳

《ギリシア・ラテン文学》〔赤〕

- ホメロス イリアス　全二冊　松平千秋訳
- ホメロス オデュッセイア　全二冊　松平千秋訳
- イソップ寓話集　中務哲郎訳
- アイスキュロス アガメムノーン　久保正彰訳
- アイスキュロス 縛られたプロメーテウス　呉茂一訳
- アンティゴネー　ソポクレース／中務哲郎訳
- ソポクレス オイディプス王　藤沢令夫訳
- ソポクレス コロノスのオイディプス　高津春繁訳
- バッカイ ―バッコスに憑かれた女たち　エウリーピデース／逸身喜一郎訳
- ヘシオドス 神統記　廣川洋一訳
- 女の議会　アリストパネース／村川堅太郎訳
- アポロドーロス ギリシア神話　高津春繁訳
- ダフニスとクロエー　ロンゴス／松平千秋訳
- ギリシア・ローマ抒情詩選 ―花冠　呉茂一訳
- オウィディウス 変身物語　全二冊　中村善也訳
- ギリシア・ローマ神話 付 インド・北欧神話　ブルフィンチ／野上弥生子訳
- ギリシア・ローマ名言集　柳沼重剛編

《南北ヨーロッパ他文学》〔赤〕

- ダンテ 新生　山川丙三郎訳
- タブッキ 夢のなかの夢　和田忠彦訳
- カヴァレリーア・ルスティカーナ 他十一篇　G・ヴェルガ　河島英昭訳
- カルヴィーノ イタリア民話集 全二冊　河島英昭編訳
- むずかしい愛　カルヴィーノ　和田忠彦訳
- パロマー　カルヴィーノ　和田忠彦訳
- カルヴィーノ アメリカ講義 ―新たな千年紀のための六つのメモ　米川良夫・和田忠彦訳
- まっぷたつの子爵　カルヴィーノ　河島英昭訳
- 魔法の庭・空を見上げる部族 他十四篇　カルヴィーノ　和田忠彦訳
- ペトラルカ ルネサンス書簡集　近藤恒一編訳
- ペトラルカ 無知について　近藤恒一訳
- 美しい夏　パヴェーゼ　河島英昭訳
- 流刑　パヴェーゼ　河島英昭訳
- 祭の夜　パヴェーゼ　河島英昭訳
- 月と篝火　パヴェーゼ　河島英昭訳
- ウンベルト・エーコ 小説の森散策　和田忠彦訳

- バウドリーノ 全二冊　ウンベルト・エーコ　堤康徳訳
- タタール人の砂漠　ブッツァーティ　脇功訳
- ラサリーリョ・デ・トルメスの生涯　会田由訳
- ドン・キホーテ 前篇 全三冊　セルバンテス　牛島信明訳
- ドン・キホーテ 後篇 全三冊　セルバンテス　牛島信明訳
- 娘たちの空返事 他一篇　モラティン　佐竹謙一訳
- プラテーロとわたし　J・R・ヒメーネス　長南実訳
- オルメードの騎士　ロペ・デ・ベガ　長南実訳
- セビーリャの色事師と石の招客 他一篇　ティルソ・デ・モリーナ　佐竹謙一訳
- ティラン・ロ・ブラン 全四冊　J・マルトゥレイ M・J・ダ・ガルバ　田澤耕訳
- ダイヤモンド広場　マルセー・ルドゥレダ　田澤耕訳
- 完訳 アンデルセン童話集 全七冊　大畑末吉訳
- 即興詩人 全二冊　アンデルセン　大畑末吉訳
- アンデルセン自伝　大畑末吉訳
- ここに薔薇ありせば 他五篇　ヤコブセン　矢崎源九郎訳
- フィンランド叙事詩 カレワラ 全二冊　リョンロット編　小泉保訳
- 王の没落　イェンセン　長島要一訳

- イプセン 人形の家　原千代海訳
- イプセン 野鴨　原千代海訳
- 令嬢ユリェ　ストリンドベルク　茅野蕭々訳
- アミエルの日記 全四冊　河野与一訳
- クオ・ワディス 全三冊　シェンキェーヴィチ　木村彰一訳
- 山椒魚戦争　カレル・チャペック　栗栖継訳
- ロボット（R・U・R）　チャペック　千野栄一訳
- 白い病　カレル・チャペック　阿部賢一訳
- マクロプロスの処方箋　カレル・チャペック　阿部賢一訳
- 灰とダイヤモンド 全二冊　アンジェイェフスキ　川上洸訳
- 牛乳屋テヴィエ　ショレム・アレイヘム　西成彦訳
- 完訳 千一夜物語 全十三冊　豊島与志雄・渡辺一夫・佐藤正彰・岡部正孝訳
- ルバイヤート　オマル・ハイヤーム　小川亮作訳
- ゴレスターン　サァディー　沢英三訳
- 王書 ―古代ペルシャの神話・伝説　フェルドウスィー　岡田恵美子訳
- 中世騎士物語　ブルフィンチ　野上弥生子訳
- コルタサル短篇集 悪魔の涎・追い求める男 他八篇　木村榮一訳

岩波文庫の最新刊

ゲルツェン著／長縄光男訳
ロシアの革命思想
―その歴史的展開―

ロシア初の政治的亡命者、ゲルツェン(一八一二―一八七〇)。人間の尊厳と言論の自由を守る革命思想を文化史とともにたどり、農奴制と専制の非人間性を告発する書。
〔青N六一〇―一〕 定価一〇七八円

ラス・カサス著／染田秀藤訳
インディアスの破壊をめぐる賠償義務論
―十二の疑問に答える―

新大陸で略奪行為を働いたすべてのスペイン人を糾弾し、先住民に対する賠償義務を数多の神学・法学理論に拠り説き明かし、その履行をつよく訴える。最晩年の論策。
〔青四二七―九〕 定価一一五五円

岩田文昭編
嘉村礒多集

嘉村礒多(一八九七―一九三三)は山口県仁保生れの作家。小説、随想、書簡から選んだ。己の業苦の生を文学に刻んだ、苦しむ者の光源となる同朋の全貌。
〔緑七四―二〕 定価一〇〇一円

網野善彦著
日本中世の非農業民と天皇 (下)

海民、鵜飼、桂女、鋳物師ら、山野河海に生きた中世の「職人」と天皇の結びつきから日本社会の特質を問う、著者の代表的著作。
(全二冊、解説＝高橋典幸) 〔青N四〇二―三〕 定価一四三〇円

ヘルダー著／嶋田洋一郎訳
人類歴史哲学考 (三)

第二部第十巻―第三部第十三巻を収録。人間史の起源を考察し、風土に基づいてアジア、中東、ギリシアの文化や国家などを論じる。
(全五冊) 〔青N六〇八―三〕 定価一二七六円

……今月の重版再開……

池上洵一編
今昔物語集 天竺・震旦部

定価一四三〇円
〔黄一九―一〕

清水三男著／大山喬平・馬田綾子校注 定価一三五三円
日本中世の村落

〔青四七〇―一〕

定価は消費税10％込です

2024.3

岩波文庫の最新刊

カント著／大橋容一郎訳

道徳形而上学の基礎づけ

カント哲学の導入にして近代倫理の基本書。人間の道徳性や善悪、正義と意志、義務と自由、人格と尊厳などを考える上で必須の手引きである。新訳。〔青六二五－二〕 定価八五八円

カント著／宮村悠介訳

人倫の形而上学

第二部 徳論の形而上学的原理

カント最晩年の、「自由」の「体系」をめぐる大著の新訳。第二部では「道徳性」を主題とする。『人倫の形而上学』全体に関する充実した解説も付す。（全二冊）〔青六二六－五〕 定価一二七六円

高浜虚子著／岸本尚毅編

新編 虚子自伝

高浜虚子（一八七四－一九五九）の自伝。青壮年時代の活動、郷里、子規や漱石との交遊歴を語り掛けるように回想する。近代俳句の巨人の素顔にふれる。〔緑二八－一二〕 定価一〇〇一円

末永高康訳注

孝経・曾子

『孝経』は孔子がその高弟曾子(そうし)に「孝」を説いた書。儒家の経典の一つとして、『論語』とともに長く読み継がれた。曾子学派による師の語録『曾子』を併収。〔青二一一－一〕 定価九三五円

……今月の重版再開……

久保田淳校注

千載和歌集

〔黄一三二－一〕 定価一三五三円

南原繁著

国家と宗教

—ヨーロッパ精神史の研究—

〔青一六七－二〕 定価一三五三円

定価は消費税 10% 込です　　2024. 4